人工智能与教育现代化

王金伟 徐 艳 著

上海大学出版社
·上海·

图书在版编目(CIP)数据

人工智能与教育现代化 / 王金伟，徐艳著.—上海：上海大学出版社，2023.7
ISBN 978 - 7 - 5671 - 4768 - 3

Ⅰ.①人… Ⅱ.①王… ②徐… Ⅲ.①人工智能-应用-教育现代化 Ⅳ.①G4 - 39

中国国家版本馆 CIP 数据核字(2023)第 124536 号

责任编辑　王　聪
助理编辑　夏　安
封面设计　倪天辰
技术编辑　金　鑫　钱宇坤

人工智能与教育现代化

王金伟　徐　艳　著

上海大学出版社出版发行
(上海市上大路 99 号　邮政编码 200444)
(https://www.shupress.cn　发行热线 021 - 66135112)
出版人　戴骏豪

*

南京展望文化发展有限公司排版
上海光扬印务有限公司印刷　　各地新华书店经销
开本 710mm×1000mm　1/16　印张 12.25　字数 200 千
2023 年 7 月第 1 版　2023 年 7 月第 1 次印刷
ISBN 978 - 7 - 5671 - 4768 - 3/G・3529　定价　78.00 元

版权所有　侵权必究
如发现本书有印装质量问题请与印刷厂质量科联系
联系电话: 021 - 61230114

【项目资助】上海市哲学社会科学规划课题:"规范性力量"视角下新时代中国共产党形象的国际传播研究(课题批准号2020BKS006);教育部哲学社会科学研究重大课题攻关项目"人工智能的哲学思考研究"(项目批准号18JZD013)。

【项目资助】2022年度高校思想政治理论课教师研究专项一般项目（优秀中青年思政课教师择优资助项目）：人工智能助力高校思政课教学创新发展研究（项目批准号22JDSZK135）。

【项目资助】教育部高校思想政治理论课教师研究专项重大课题攻关项目"高校思政课发挥新时代爱国主义教育主阵地作用研究"(项目批准号 20JDSZKZ03)。

前言 | Foreword

人工智能作为最新的技术形态,已经广泛而深刻地影响到人类社会的各个领域,对教育领域的影响尤为显著。教育领域是科学文化知识聚集的高地,教育是科学知识最重要、最基本的来源,因此,教育往往会涉及最前沿、最尖端的科学问题。人工智能本身就是教育领域知识生产的产物,人工智能以其特有的技术特性及运行方式深刻影响着教育的发展,并为推动和实现教育现代化提供强大的技术支持。

我们在关注人工智能技术发展的同时,也必须关注其对教育发展的深刻影响。从根本上来说,教育是人类特有的生存方式,因此,对当前人工智能推动教育发展的研究有必要对教育的演变发展进行全面梳理。当前,人工智能是推动教育发展最为重要的技术手段,并产生了相互融合的发展趋势。从两者融合的发展趋势来看,在推动教育从传统方式向现代化深刻转变的过程中,人工智能不仅不能缺席,而且必须发挥更大的积极作用。因此,本书以"人工智能与教育现代化"为题,重点关注教育的演化发展及人工智能推动教育现代化的理论与实践进程,特别是通过典型案例反映出人工智能推动教育现代化发挥的积极作用。

人工智能作为第四次工业革命到来的标志性技术,已经迅速影响到了教育领域,人工智能为教育落后的国家和地区带来了实现教育跨越式发展的重要契机。人工智能作为信息时代或大数据时代特有的产物,为人类社会教育均衡发展提供了可能。工业革命以来,先进的工业国与落后的农业国之间教育水平的差距越来越大,其根本原因是教育的物质基础存在根本性的差异。在信息时代,人工智能技术参与下的教育变革已经深刻改变了全世界不同国家和地区人们的生活方式和学习方式,只要具备一台智能终端设备就可以联接世界,并可以便捷地学习到世界最前沿的科学文化知识。人工智能技术也为教育领域发生根本性变革提供了重要的保障,人工智能也为教育的发展提供了一切可能。

　　2017年,"智能教育"作为重点任务被写入国务院印发的《新一代人工智能发展规划》(以下简称《规划》)中。利用智能技术加快教育变革成为当今时代发展中最为抢眼的领域,人工智能不仅推动人才培养模式、教学方法的改革,而且能够构筑起智能学习、交互式学习、沉浸式学习的新型教育体系。《规划》指出,开展智能校园建设,推动人工智能在教学、管理、资源建设等全流程应用。开发立体综合教学场、基于大数据智能的在线学习教育平台。开发智能教育助理,建立智能、快速、全面的教育分析系统。建立以学习者为中心的教育环境,提供精准推送的教育服务,实现日常教育和终身教育定制化。同时该规划特别强调,坚持培养和引进相结合,完善人工智能教育体系。从国家层面出发,制定的人工智能教育领域的内容为教育现代化发展提供了强大技术保障,也为人工智能的进一步发展提供了重要的基础。总之,教育是基础,人工智能是推动教育进一步发展的关键技术,两者在现阶段乃至更长的时间内是"你中有我,我中有你"的相互融合、相辅相成的关系。

　　现代化是自工业革命以来对社会影响巨大的概念,其涉及范围十分广泛,包括但不限于以下内容:经济、政治、文化、社会、教育、科技、工业、农业、国防、军事、思想、心理等。在此基础上,现代化往往作为一个对社会进行整体性描述的概念也已为社会广泛接受和认同。教育现代化亦是现代化发展中不可或缺的关键内容,就中国而言,教育现代化是中国式现代化建设中最为重要的组成部分。中国对教育现代化的追求可以以1983年9月邓小平同志为北京景山学校题词为开端,邓小平同志指出:"教育要面向现代化,面向世界,面向未来。"这为中国的教育现代化提供了根本的方向指引,也为中国教育的发展指明了前进的道路。

　　党的二十大报告提出:"从现在起,中国共产党的中心任务就是团结带领全国各族人民全面建成社会主义现代化强国、实现第二个百年奋斗目标,以中国式现代化全面推进中华民族伟大复兴。"实现中华民族伟大复兴必须走中国式现代化的道路,而在走中国式现代化道路上,中国式教育现代化更是不能或缺。因此,党的二十大报告同时特别强调:"教育、科技、人才是全面建设社会主义现代化国家的基础性、战略性支撑。"这为中国教育现代化道路提供了根本遵循。教育现代化是中国式现代化的基础性保障,因此,加快推进教育现代化是助力中国式现代化目标实现的基础,也为实现中华民族伟大复兴贡献了教育应当承担的责任与使命。

习近平总书记强调"现代化的本质是人的现代化""推动人工智能和教育深度融合,促进教育变革创新"。在教育现代化背景下,以大数据、人工智能为代表的新一代网络信息技术对教育环境、教育生态、教育系统、教育体系都产生了极为重要的影响。人工智能技术作为信息革命的代表性技术,引领着教育现代化的发展。人工智能技术可以突破原有学习时空的局限性,并能够最大程度的满足学习者个体的不同需要,真正实现因材施教的目的。人工智能最重要的体现就在于能够满足人的全面发展的需要,为实现人的全面发展提供最直接的技术支持。教育的根本目标是实现人的自身价值,就当前社会发展趋势而言,人的现代化就是实现人的自身价值的过程性道路。推进教育现代化进程中关键的问题仍然是关乎人才培养的关键问题:"培养什么样的人、怎样培养人、为谁培养人。"

"教育兴则国家兴,教育强则国家强"。党的二十大报告指出,"坚持教育优先发展"。教育的发展也必须与社会现实相契合,特别是与科学技术相融合,只有这样才能切实推动教育的发展。从国家层面出发,对于人工智能技术的认识也成为普遍共识。中共中央、国务院印发的《中国教育现代化2035》明确指出,要加快信息化时代教育变革。建设智能化校园,统筹建设一体化智能化教学、管理与服务平台。人工智能技术已经广泛地为人才培养模式的改革提供了新的思路,未来教育是规模化教育与个性化教育有机结合的产物。中国式现代化教育就是在推动教育现代化过程中集中体现到具体的国情,这一国情就是必须始终坚持党对教育事业的全面领导,坚持"为党育人、为国育才"这一根本性目标,实现中国教育现代化的阶段性目标必须大力建设人工智能教育的根本方向。

"实践是检验真理的唯一标准",人工智能教育实践也是检验教育现代化的重要标准。教育现代化的实现也是以实践为唯一标准,而人工智能实践也是其中实践之一。教育现代化必须坚持以促进人的全面发展为核心,而人工智能为学生的个性发展和人的全面发展提供了关键性基础。伴随着人工智能时代的到来,人工智能的迅速发展及应用正深刻地改变着社会生产生活的各个领域。人工智能极大地推动教育现代化的发展,人工智能对学校教育也产生了重大影响,人工智能有望解决教育现代化进程中面临的重大挑战,打破规模化教育与个性化培养之间的隔阂,为教育现代化提供更为强劲的推动力。

人工智能与教育的深度融合必将引发教育的系统性变革。这一变革既有积极的推动因素,又存在一系列的现实困境。如,"人工智能与教育变革的不同步性;人工智能在教育领域存在被滥用的风险;教育是否会被人工智能所取代的困惑",等等。因此,必须将人工智能推动教育现代化置于中国的具体国情和经济社会发展的阶段,将人工智能与教育现代化、中国式教育现代化等关键问题相联系,唯有此,才能真正推动教育现代化的实现!

目录 Contents

绪 论 ·· 1
  一、人工智能与教育变革 ··· 1
  二、人工智能的存在论反思与认识论追问 ······················· 11
  三、教育变革是实现教育现代化的必由之路 ··················· 20

第一章 教育的演变历程及发展进路 ··························· 29
  第一节 教育发端——人类文明传承的纽带 ··················· 29
    一、教育是文明传承的起点 ··· 29
    二、教育思想的演变开局 ·· 31
    三、三种文明形态中的教育 ··· 35
  第二节 教育变革——工业时代学校教育的发展 ············ 40
    一、工业文明与教育变革 ·· 40
    二、现代教育制度的发展 ·· 45
    三、学校教育的演化发展 ·· 48
  第三节 教育蝶变——信息时代人工智能教育的飞跃 ······ 51
    一、科学技术影响下的教育变革 ·································· 51
    二、信息技术深刻改变着教育发展路向 ························ 53
    三、人工智能技术催生教育蝶变 ·································· 55

第二章 人工智能推动教育现代化发展的价值及基本问题 ······ 58
  第一节 教育是人类智慧的延续和发展 ·························· 58
    一、教育是人类文明发展的前提条件 ··························· 58
    二、教育是文化上层建筑的核心内容 ··························· 60

三、教育是人类智慧延续的根本保障 …………………… 62
  第二节　人工智能与教育的一体化发展 …………………… 64
   一、人工智能融入教育形成智能教育 …………………… 64
   二、人工智能教育的一体化发展进路 …………………… 69
   三、人工智能教育对人类的深远影响 …………………… 74
  第三节　人工智能教育的价值需求及历史视野 …………… 78
   一、人工智能教育的系统性发展价值 …………………… 78
   二、人工智能教育需要关注人的需求 …………………… 81
   三、人工智能教育发展的历史视野 ……………………… 83
  第四节　人工智能教育亟待解决的基本问题 ……………… 84
   一、"技术至上"对人工智能赋能教育带来的影响 …… 85
   二、"教育为本"是人工智能赋能教育的根本遵循 …… 88
   三、"人"是解决人工智能与教育深度融合问题的钥匙 … 92

第三章　人工智能在教育现代化中的理论探索 ……………… 96
  第一节　人工智能在教育现代化中的本质和目标 ………… 96
   一、人工智能在教育现代化中的本质 …………………… 96
   二、人工智能在教育现代化中的目标 …………………… 98
  第二节　人工智能在教育现代化中的基础和任务 ………… 102
   一、人工智能在教育现代化中的基础 …………………… 102
   二、人工智能在教育现代化中的任务 …………………… 107
  第三节　人工智能在教育现代化中的发展方向 …………… 115
   一、以数据驱动引领教育信息化发展方向 ……………… 115
   二、以深化应用推动教育教学模式变革 ………………… 116
   三、以融合创新优化教育服务供给方式 ………………… 116

第四章　人工智能在教育现代化中的应用探索 ……………… 121
  第一节　人工智能教育在家庭环境中的应用探索 ………… 121
   一、借助 AI 培养孩子核心学习能力 …………………… 121
   二、借助 AI 培养孩子时间管理能力及好习惯 ………… 124

第二节　人工智能教育在学校环境中的应用探索 …………… 125
　　　　一、支持个性化学习 ……………………………………… 125
　　　　二、提供教学过程适切服务 ……………………………… 126
　　　　三、提升学业测评精准性 ………………………………… 126
　　　　四、助力教师角色转变 …………………………………… 126
　　　　五、促进交叉学科发展 …………………………………… 127
　　第三节　人工智能教育在社会环境中的应用探索 …………… 127
　　　　一、科大讯飞与人工智能翻译 …………………………… 128
　　　　二、人工智能医学影像及医药研发 ……………………… 129
　　　　三、人工智能教育驱动公共文化服务 …………………… 131
　　　　四、人工智能教育融入城市管理 ………………………… 132

第五章　人工智能教育现代化的学习方式 ……………………… 133
　　第一节　混合式学习：综合两个维度最好的部分 …………… 133
　　第二节　联通学习：群体智能促进个体学习 ………………… 135
　　第三节　移动学习：面向未来的学习方式 …………………… 136
　　第四节　量化学习：利用教育大数据改进学习成效 ………… 139
　　第五节　深度学习：成为适应和驾驭未来的人 ……………… 141

第六章　人工智能教育现代化的展望 …………………………… 143
　　第一节　未来教育要关注个性化、适应性和选择性的学习 … 143
　　第二节　未来教育要关注学生的核心素养和全面发展 ……… 144
　　第三节　未来教育要关注学生的灵魂和幸福 ………………… 145
　　第四节　未来教育要关注人机协同的制度体系与思维体系 … 145
　　第五节　未来教育是开放的、融入生活的终身教育 ………… 147
　　第六节　人工智能教育的三大关键 …………………………… 148

第七章　人工智能教育现代化的反思 …………………………… 150
　　第一节　人工智能教育现代化目前存在的问题 ……………… 150
　　第二节　人工智能教育现代化伦理道德反思 ………………… 151

第三节 理性看待人工智能对教育的影响 …………………… 152

第八章 人工智能教育现代化的典型案例分析 …………………… 154
第一节 可汗学院——人工智能时代的教育现代化革命 ………… 154
一、生动的教学视频 …………………………………… 155
二、通过设计良好的网站为全世界的学习者服务 ………… 155
三、可汗学院练习系统 ………………………………… 156
四、学生学习报告 ……………………………………… 157
五、教师管理平台 ……………………………………… 158
第二节 翻转课堂——人工智能时代下新教学模式探索 ………… 159
一、家校翻转模式 ……………………………………… 160
二、有区别翻转模式 …………………………………… 161
三、有选择翻转模式 …………………………………… 161
第三节 "希维塔斯学习"——现代教育技术提高学习成效的例证 …… 163
一、课堂智慧化 ………………………………………… 169
二、个性化教学 ………………………………………… 172
三、自适应和混合式学习 ……………………………… 175

后　记 …………………………………………………………… 177

绪　论

一、人工智能与教育变革

（一）人工智能的形成发展概述

人工智能是人类智能借助计算机技术而发展起来的智能形式，是依托人类智能并为人类服务的智能形态。科学技术特别是网络信息技术的广泛应用为人工智能发展提供了坚实的基础，也为推动人类智能的发展提供了新工具空间。人工智能概念的提出虽然仅仅六十多年时间，但是给人类社会的影响却是巨大的。不仅影响到人类社会发展，而且会直接影响到人类自身的发展，如智力和能力的发展也受到人工智能的深刻影响。特别是最近二十年来，人工智能终端设备的广泛应用已经深刻影响到人类的思维认识和行为方向，这给人类审视人工智能在相关领域的影响提供了实践的可行性场域。中国人工智能学会李德毅院士对人工智能的定义是："探究人类智能活动的机理和规律，构造受人脑启发的人工智能体，研究如何让智能体去完成以往需要人的智力才能胜任的工作，形成模拟人类智能行为的基本理论、方法和技术，所构建的机器人或者智能系统，能够像人一样思考和行动，并进一步提升人的智能。"[①]人工智能是人类智能借助外在物以实现人类智能所达到的目标的手段，是人类智能在客观存在物上的延伸。人类智能是"由少及多"的积累过程，人工智能则是"由多到少"的分散过程，人工智能将汇聚起的人类智慧通过"解决个性需求"的方式来解决人类所遇到的各种问题。

人工智能作为一项科学技术带给人类前所未有的想象和冲击，也必然会对人类社会的进步带来深远影响。自人类进入工业文明以来，重大科学发现和技术发明给人类社会带来了根本性的变革，如蒸汽机的发明实现了动力由

---

① 李德毅：《人工智能：社会发展加速器》，载《中国信息化周报》2018年2月5日，第7版。

人力转向机器动力的第一次工业革命时代；电磁的发现和电力的广泛使用直接推动了第二次工业革命时代的到来；原子能、电子计算机等技术的发明创造推动了人类社会进入以信息化为标志的第三次工业革命时代；而以人工智能、网络信息技术为标志的崭新技术必将使人类进入第四次工业革命的时代。

科学技术给人类社会带来了具有全局性和根本性的变革影响。人工智能技术从概念的提出到实际应用经历了曲折历程，当前，人工智能技术的广泛应用带给我们认识世界和人类自身提供了不一样的视角。人类社会延续发展的关键是在于认识世界和改造世界的进程中不断增强知识和能力，认识世界依赖于知识的储备和经验的形成，这些能力归根到底是人类智能发挥着关键性的作用。人类智能是以学习实践为内容、以知识能力增长为标志的"习得智能"。从已知信息来看，人类智能是唯一具有改变世界能力的"习得智能"，"习得智能"是在人类进化发展中基于先天习得基因和后天实践而逐渐形成智能样态。随着人类智能的不断提升，习得智能也不断拓展智能应用新领域，人类创造出可以部分代替人类智能的工具或载体，实现了认识世界与改造世界相融合的人类智能新产物——"人工智能"。

人工智能的发展是随着工业文明不断演进过程而出现的。以冯·诺依曼(John von Neumann)于1946年发明世界上第一台电子计算机为标志，从此，信息革命也成为推动人类社会发展的新的增长点，人类智能到人工智能的产生成为可能。理论往往具有先导性的特征，对于人工智能的发展，一大批学者从理论猜想中进行探索。1950年，阿兰·图灵(Alan Mathison Turing)率先提出"机器真的能思考吗？"的设想。1956年，在达特茅斯会议(Dartmouth Conference)上，以控制论、信息论结合图灵计算机原型的发展为基础，约翰·麦卡锡(John McCarthy)和克劳德·香农(Claude Elwood Shanno)等人正式提出"人工智能"(Artificial Intelligence，简称AI)的概念[1]。因此，计算机技术的发明和使用是人工智能成为可能的基础。人工智能是作为智能发展的载体，是新技术革命中最具有代表性的产物，也是人类社会发展进步的重要基石。

人类对人工智能的认识问题取决于人工智能实际使用情况，人工智能

---

[1] 祝智庭、魏非：《教育信息化2.0：智能教育启程，智慧教育领航》，载《电化教育研究》2018年第9期。

伴随着计算机的迭代更新和广泛使用经历了曲折发展的三次浪潮。第一次浪潮是20世纪五六十年代。1950年图灵发表了一篇名为《计算机械和智能》(Computing Machinery and Intelligence)的论文,该论文探讨到底什么是人工智能,其中就提出了一个有趣的实验——著名的"图灵测试",掀起了第一次人工智能的浪潮,也取得了一些突破性的进展。但到了20世纪70年代中后期,人们发现人工智能只能解决一些比较简单的问题,所以进入了第一次低潮期。第二次浪潮是20世纪八九十年代。当时随着1982年Hopfield神经网络的提出,人工智能的第二次浪潮掀起了,包括语音识别、语言翻译等。在这个时期,受限于计算能力和算法策略,神经网络未能扮演人工智能的主角,符号推理方法继续得到发展应用,同时基于统计推理的机器学习方法也取得了比较大的发展和成果,此期间各个领域出现了比较实用的专家系统。比如1997年5月11日,IBM研发的人工智能程序"深蓝"战胜当时的世界国际象棋棋王加里·卡斯帕罗夫。不过,人们后来发现人工智能距离实际生活仍然很遥远,因此,在2000年左右第二次人工智能的浪潮又破灭了。第三次浪潮是2006年至今。杰弗里·辛顿(Geoffrey Hinton)在2006年提出了深度置信网络(Deep Belief Network,DBN),解决了深度神经网络中原来无法优化的问题。随着深度学习技术的发展,加上计算机运算速度的大幅增长以及分布式并行图形处理器(Graphics Processing Unit,GPU)的采用,互联网积累起来的海量数据,使得基于深度神经网络的深度学习成为可能,并由此使得人工智能进入了深度学习时代,从而掀起了更加猛烈的第三次浪潮。其中2016年3月15日,AlphaGo 4∶1战胜围棋高手李世石是第三次浪潮的标志性事件①。

人工智能的发展更早应用于军事领域,与计算机的产生首先出现在军事领域相同。人工智能技术的发展通过科学研究为前提,就像人工智能科学研究进步的基础是技术的广泛运用一样。人工智能的发展也是经历了不同的认识阶段和认识方向,并对人工智能的发展起到关键性影响。"在人工智能发展历程中,逐渐形成了具有代表性的三大学派,分别是符号主义、联结主义(也称连接主义)、行为主义学派。符号主义学派是一种基于符号表达和数学逻辑推理的智能模拟方法。该学派在数学定理证明、专家系统方面取得了一些标志

---

① 肖睿、肖海明、尚俊杰:《人工智能与教育变革:前景、困难和策略》,载《中国电化教育》2020年第4期。

性成果,其中 1997 年 IBM 的深蓝机器人战胜国际象棋高手加里·卡斯帕罗夫是一个代表性事件。联结主义学派是一种基于神经网络及其联结机制与学习算法的智能模拟方法。在应用领域代表性案例是 2016 年 AlphaGo 在围棋比赛中战胜李世石。行为主义学派是一种基于'感知—行动'的行为智能模拟方法。在应用领域代表性案例是波士顿动力公司推出的 Atlas 机器人"[1]。对人工智能的典型应用成为推动人工智能进一步发展的推动力,特别是以 2016 年围棋比赛中 AlphaGo 战胜李世石事件为标志,人工智能的典型成功案例,直接推动人们对人工智能的普遍认识水平的提高。

人工智能的应用已经深刻影响到人类生活,特别是网络信息技术迭代的今天,人工智能更是以前所未有的深度和广度影响到人类的生活。以网络化、信息化、实时性、共享性为特征的网络技术已经为人工智能的发展提供了重要的数据支撑,更为教育的发展提供了无限可能的空间。在第四次工业革命中,计算机和互联网的广泛应用已经成为人工智能发展的基础技术和物质条件,同时大规模数据的应用也已经成为人工智能发展最重要的基石。"在智能化时代,万物互联将是未来社会的发展趋势,加之大规模开环应用的发展,可以通过去中心化的、分布式的力量,挖掘出万事万物的数据价值,可以有效解决造成这种有限理性的信息缺失、信息量不足、信息割裂等问题"[2]。对于教育领域而言,人工智能的发展拓展了广阔的时空维度。人工智能时代的教育不仅局限于课堂教学,更是借助人工智能技术将课堂教学拓展到网络空间[特别是网络学习平台的广泛应用,如慕课(MOOC)、翻转课堂、微课等],并将学习的时间扩展到学习者的任何时间。人工智能技术的迅猛发展为教育领域提供了无限可能的。

(二) 人工智能推动教育全局性变革

教育是人工智能发展的基础。人工智能首先是由计算机教育领域的专家提出并进一步研究和实践,教育为人工智能技术发展提供了重要的科学知识,为人工智能迭代发展注入源源不断的知识素养。教育与技术的融合是推动人工智能发展的关键,随着人类对计算机技术和网络技术的不断熟悉,教育领域

---

[1] 肖睿、肖海明、尚俊杰:《人工智能与教育变革:前景、困难和策略》,载《中国电化教育》2020 年第 4 期。

[2] 南旭光、张培:《智能化时代我国高等教育治理变革研究》,载《中国电化教育》2018 年第 6 期。

运用人工智能也成为趋势。人工智能为教育效果的提升提供了直接的感官体验和心理体验,教育领域也成为人工智能发展最重要的领域之一。

教育是伴随人类文明成长起来的一门古老的学问,中国古代思想家、教育家孔子坚持"有教无类"的教育主张和"学而不思则罔,思而不学则殆"的学习态度。古希腊思想家、哲学家苏格拉底坚持"自知其无知"是最大智慧,坚持"德性即知识"的教育价值观培养。教育在人类历史发展进程中起着极其特殊的作用,教育促使人能够认识自己,并传承人类文明做出了突出的贡献。几千年的文明延续是教育发挥作用的结果,因此,教育的传承和发展对于人类自身而言价值尤为凸显。教育的重要性不言而喻,教育方式的变革也伴随着教育新技术的发展而产生新变化。特别是现代科学技术迅猛发展的今天,现代教育技术也有了突发猛进的发展。"随着人工智能在教育领域应用日益广泛,人工智能必将引发教育模式、教学方式、教学内容、评价方式、教育治理、教师队伍等一系列的变革和创新,助力教育流程重组与再造,推动教育生态的演化,促进教育公平、提高教育质量"①。人工智能推动了教育理念和教育技术的新发展,为教育的发展开辟新的空间,为教育现代化提供了重要的技术支撑。

人工智能在教育领域的作用可以从两个方面来认识:第一方面,人工智能是教育手段或教育工具的更新。人工智能作为技术,教育领域中的使用也与他学习工具或手段类似,是推动教育效果提示的关键变量。教育工具的演变反映出教育发展的清晰脉络,如教育中广泛使用的学习工具从毛笔、钢笔、圆珠笔、算盘、计算器到计算机、平板电脑、智能电子产品等,这些教育工具的变化折射出时代变迁,更反映出教育手段的进步;第二方面,人工智能是教育理念或教育思想迭代的重要力量。教育摆脱了"人教育人的单向教育方式",实现了"人人教育人人的交互教育方式"。人工智能的广泛运用为新教育理念的迭代更新提供了重要的技术支撑,现代教育发展必须依靠现代教育技术,人工智能为教育技术的发展提供了崭新场景,"人机交互"学习场景已经成为教育发展新趋势。这种新场景下,必须将人工智能与现代教育紧密融合,而不是人工智能附加性地参与到教育领域。

人工智能参与教育最大的优势在于借助技术为教育满足受教育者更加多样化的需求。人工智能技术是集合"众人智慧"和计算机高速运算而形成了智

---

① 杨宗凯、吴砥:《人工智能促进教育创新》,载《光明日报》2018年11月20日,第13版。

能化系统,该系统能够借助已有信息,快速准确地甄别和选取适合的教育的解决途径及方法,为教育的针对性和有效性提供帮助。"人工智能技术对教育的作用表现在:一是借助人工智能在分析综合、用户模型、专家系统等方面的优势,分析和掌握每个学生的学习状态,对学生的学习情况、实践情况进行评估和预测,给学生提出学习方法建议,并对学生进行个别化指导;二是发挥人工智能在数据记忆、逻辑判断、模式识别等方面的优势,扮演教师助手,辅助教师开展作业批改、提问回答、整理资源等"①。人工智能借助计算机技术所具有的超级计算能力和存储记忆功能,实现了教育工具满足教育者需求的基本要求。

人工智能的广泛运用为推动教育全局性变革提供了重要基础,"大数据和人工智能技术的进步为教育科学研究的开展带来了新的发展契机,推动教育科学研究逐渐向数据化、科学化、精准化、智能化的方向发展,成为驱动教学、学习、管理、评价体系变革的内生动力"②。人工智能为教育发展提供了数据支撑、信息判断、自主学习的可能性,为教育的发展提供了技术支撑。数据化是人工智能最突出的特征,这是基于计算机系统的数据为基础,通过智能化记录和分析形成学习者的"大数据画像",从而为学习者的进一步学习提供具体的实施方案。科学化是人工智能科学分析的基础,教育发展更离不开现代科学认识的积累,科学化是开放性和实践性的外在表现,人工智能的科学化程度越高对教育发展的影响越大。精准化是人工智能实现教育发展的重要标准,人工智能最重要的体现就是以精准跟踪和精准反馈为特征的精准化,针对教育过程中出现的各种问题能够精准有效地判断,并提出精准解决方案。

人工智能的迅速发展为现代教育提供了新的发展方向,特别是在现代学校教育已经成为主要教育场所的情况下,如何进一步将学校教育与人工智能相结合,如何推动教育的发展成为重点领域。"加快信息化时代教育变革。建设智能化校园,统筹建设一体化智能化教学、管理与服务平台"③。智能化校园建设是推动教育全局性变革的物质基础,也是进一步推动教育发展的重要平台。智能化校园建设的根本目标就是提升教育教学效果和提升,不断提升学

---

① 刘革平:《现代化与教育信息化——基于智慧校园平台的高校治理方式变革》,载《教育与教学研究》2020年第10期。
② 郑永和、王一岩:《教育与信息科技交叉研究:现状、问题与趋势》,载《中国电化教育》2021年第7期。
③ 中共中央、国务院印发《中国教育现代化2035》,中华人民共和国教育部网站:http://www.moe.gov.cn/jyb_xwfb/s6052/moe_838/201902/t20190223_370857.html。

生整体素质的重要保障,成为推动现代教育发展的重要的一环。人工智能的社会化程度越来越高,提升学生的智能化应用要求也就越高,校园作为学生接受教育的主要场所,应该要有较高的智能化水平来适应学生的学习需要,因此,校园智能化建设成为推动教育发展的基础。

人工智能对推动教育发展的作用不言而喻,但也会给现代教育带来挑战和隐患。当我们面对人工智能带来的教育飞速发展时,必须辩证看待人工智能推动教育的作用。人工智能应用中如何解决知识信息爆炸对教育带来的负面影响是关键,每个人的时间有限性与知识信息的无限增长之间的矛盾在智能时代愈发凸显。"人工智能的快速发展加快了知识生产,知识出现了指数级增长,需要借助新的智能信息技术提升我们对世界的把握能力、应对知识过剩问题"[①]。人工智能技术可以为学习者迅速准确地找到需要的知识信息提供可能,但是知识信息的巨量性也给学习者带来了选择障碍。如何面对知识信息的"过剩问题"已经成为现代教育亟须解决的难题,特别是在人工智能推动下形成的智能化教育更需要进行反思性认识,唯有此才能真正使人工智能推动教育的全局性变革。

"多年来,人工智能(Artificial Intelligence,AI)在促进教育教学质量提升方面被寄予厚望,国内外的研究大有日渐升温之势,如同其他教育技术一样,AI 也博足眼球,引发人们的丰富遐思。从现有研究成果看,中国是教育 AI 研究大国之一,发展教育 AI 俨然已经被提升到国家教育战略高度"[②]。对于我国而言,特别是近十年来在网络通信、人工智能等领域突飞猛进的发展,为教育的发展提供了坚实的技术支撑,同时,我国对于人工智能的重视程度也达到前所未有的高度。将人工智能对教育的影响上升到国家建设层面和推动人类进步层面。正如习近平总书记强调的,"中国高度重视人工智能对教育的深刻影响,积极推动人工智能和教育深度融合,促进教育变革创新,充分发挥人工智能优势,加快发展伴随每个人一生的教育、平等面向每个人的教育、适合每个人的教育、更加开放灵活的教育"[③]。人工智能在推动教育变

---

① [英]卢恰诺·弗洛里迪:《在线生活宣言:超连接时代的人类》,成素梅等译,上海译文出版社 2018 年版,第 27 页。
② [德]奥拉夫·扎瓦克奇-里克特、[西班牙]维多利亚·艾琳·马林、[澳]梅丽莎·邦德、[德]弗兰齐斯卡·古弗尼尔:《高等教育人工智能应用研究综述:教育工作者的角色何在?》,肖俊洪译,载《中国远程教育》2020 年第 6 期。
③ 《习近平向国际人工智能与教育大会致贺信》,载《人民日报》2019 年 5 月 17 日,第 1 版。

革中需要达到三个层面效果,既有知识学习层面,又有学校教育层面更有社会治理层面,教育进步要求我们必须从这三个层面来认识人工智能推动教育变革的重要意义。

(三) 人工智能教育的形成及影响

人工智能教育是人工智能技术与教育相结合的有机整体,这一有机整体是伴随着人工智能技术,虽然经历了曲折发展,但随着科学技术的突破以及生活场景的广泛应用,人工智能技术已经呈现出影响人类生活的主导性特征。对于教育而言,人工智能技术应该更是以前所未有的速度进入到教育领域,并使教育发生着根本性的变化,其结果是最终形成一个紧密的有机结合体——人工智能教育。

人工智能技术在教育领域中的应用已经改变了人们对教育的认识,与传统教育进行知识传授的方式不同,人工智能教育需要借助新思想和新工具才能实现其新飞跃。人工智能突破了现代科学技术在"与人关系"上的认识,人工智能的广泛运用已经改变了人的思想和行为。因此,人工智能教育作为整体的影响具有根本性和全局性。这是教育发展趋势,更是教育发展的未来。2019年3月联合国教科文组织(UNESCO,2019)发布的《教育中的人工智能:可持续发展的挑战与机遇》,既是对人工智能教育应用前期研究和实践的总结,也是未来各国人工智能教育应用发展方向的指南。人工智能教育成为新发展阶段的重要标志,为教育发展提供了广阔的空间。

人工智能教育与教育人工智能两者的关系问题,直接影响到对未来教育的方向。教育领域中选取性地使用人工智能技术,还是人工智能技术已经全面融入教育全过程,成为两者关系的根本。人工智能教育是以人工智能为基础的教育发展形态,而教育人工智能则以教育为基础并辅以人工智能为手段的教育形态。教育本身作为一项推动人类进步的事业,有其固有的发展规律,其要求受教育者能够从中接受知识、塑造人格、培养情感。"人工智能技术在改变教育的同时,也给教育带来不可预知的风险和伦理问题"[①]。人工智能对于推动人类进步作用重大,但是人工智能本身不具有教育功能,只有与教育结合才能发挥出强大的教育作用。如果将人工智能仅

---

① 谭维智:《人工智能教育应用的算法风险》,载《开放教育研究》2019年第6期。

作为教育从属地位的工具来看,人工智能的发展就存在严重的局限性,这种局限性也将成为对教育自身发展的严重羁绊。人工智能技术发展而逐渐形成的。"即使是在人工智能时代,教育的本质并没有改变,教育依然需要人与人共同完成,教师也仍然有存在的价值和必要"①。人将人工智能与教育高度融合,不是两种性质不同的概念的简单相加,而是两种不同性质事物的有机融合。有机融合的根本要求就是成为一个"整体",人工智能与教育成为一体的关键就必须用新视角来看待这个"整体",而不是将人工智能置于教育的从属地位而发挥作用。所以,教育人工智能仅指教育领域应用人工智能的部分性表现,而人工智能教育则是贯穿教育全过程的理念与实践的统一。"如果教育者仅仅将人工智能视作某种技术,而忽略其思想属性,那么智慧教育极有可能陷入片面的技术崇拜。鉴于此,无论是为了保证人工智能之于教育的完整性,抑或警惕人工智能的技术局限,人工智能的思想智化都有必要构成智慧教育的重要理据"②。

国内学者往往将教育人工智能作为重点领域进行研究,如祝智庭等教授指出,"人工智能是未来教育创新发展的重要推动力,遵循人本主义理念并形成人本人工智能教育新应用,将有力促成一种新型的研究与应用范式——教育人工智能(educational Artificial Intelligence,eAI)的形成。eAI 注重以人为本的协作教育理念,在智能技术的支持下,以人和机器的交互、协作为研究对象,理解教育活动并揭示其发生的规律,从而促进人和机器智慧的共同成长"③。将教育人工智能作为一种新型研究与应用范式进行研究发挥了积极作用,也带有一定的局限性。将人工智能作为从属于教育的手段和方式势必影响到人工智能作用的发挥,不仅仅只研究人机交互协作,更要研究人工智能的运用带来的理念和理论的创新,通过人工智能的推动,教育未来的发展会出现怎样的彻底性改变。

人工智能教育不是"脱离人"而是"为了人"教育。人工智能教育作为一个整体来说,必须运用系统观思维来认识和对待。"辩证地看,过去强调同质化的大众教育体系曾给人类世界带来了不可估量的好处,也使人类生活变得更

---

① 于家杰、刘伟、毛迎新:《人工智能时代教师存在的价值》,载《现代教育技术》2020年第7期。
② 杨欣:《人工智能立场中的智慧教育:理据、内涵与特征》,载《现代教育技术》2021年第4期。
③ 祝智庭、韩中美、黄昌勤:《教育人工智能(eAI):人本人工智能的新范式》,载《电化教育研究》2021年第1期。

好,但是这种同质化的大众化教育体系不仅让教育日益机械化,在本质上也抹杀了教育的创新可能"①。人工智能时代的智能技术已经完全融入人的生活之中,教育与智能技术这种深度融合,是人工智能技术在社会生活中的延伸,特别是网络技术迭代发展的今天,人工智能技术广泛运用于课堂教学及课外教学。人工智能不仅是教育手段的更新,更是教育理念的迭代。"人工智能时代,教师的角色将发生根本性转变,教师知识性的教学角色将会被人工智能所取代,教师的育人角色将越来越重要,趋向教师与人工智能协作教学"②。教育方式也会伴随着人工智能的发展而呈现出新的展现方式。

  人工智能教育作为教育在智能时代的发展,具有不可逆转性的特征,这是由于科学技术的发展具有不可逆性决定的。人工智能虽然仅仅经历几十年的曲折发展,其中快速发展时期更短,但是作为技术发展的未来方向而言具有不可逆转性,因此在未来,人工智能教育也必将成为教育发展总趋势。人工智能在教育中似乎无疑是绝对乐观的,师生肩上的重担也可以全部交付于人工智能这个"新伙计"一力承担。这样的陷阱使师生认为不必苦学修行,只需要在适当的时间调用人工智能便能坐享其成,"拿来主义式的快乐"又卷土重来了③。人工智能与教育,两者本身就是融合性的发展,不是为了代替教师地位,而是给教师的教育教学活动赋能增效,更好地保障教师在智能时代继续运用先进科学技术来引导和教育学生。"情感文明作为人工智能教育发展的重要维度,不应该总是隐讳和沉默,人工智能教育归根结底对人发生、建立在人文关怀基础上,无论技术何等发达,教育始终以发展人的生命价值为根本使命"④。联合国教科文组织《人工智能与教育北京共识》特别强调:"虽然人工智能为支持教师履行教育和教学职责提供了机会,但教师和学生之间的人际互动和协作应确保作为教育的核心。"⑤知识教育是教育基础,人工智能教育在知识教育中可以充分发挥其技术优势;情感教育和价值观教育等是教育目标,因

---

① [英]安东尼·塞尔登、奥拉迪梅吉·阿比多耶:《第四次教育革命:人工智能如何改变教育》,吕晓志译,机械工业出版社 2019 年版,第 39 页。
② 余亮、魏华燕、弓潇然:《论人工智能时代学习方式及其学习资源特征》,载《电化教育研究》2020 年第 4 期。
③ 李芒、张华阳:《对人工智能在教育中应用的批判与主张》,载《电化教育研究》2020 年第 3 期。
④ 赵鑫、吕寒雪:《人工智能教育的情感文明:何以必要与何以可为》,载《中国电化教育》2021 年第 5 期。
⑤ 联合国教科文组织:《人工智能与教育北京共识》,2019 年 5 月 16—18 日,http://www.moe.gov.cn/jyb_xwfb/gzdt_gzdt/s5987/201908/W020190828311234679343.pdf。

此,教育中必须关注人与人之间的交往,以期实现教育的根本目标。

二、人工智能的存在论反思与认识论追问

人工智能作为人类智能的延伸和映射,已经迅速进入人类活动的各种场景,并全面影响到人类的当下及未来。人工智能是否会发展成与人类智能相平行的智能存在？人工智能是否预示着人类创构的"人工物"会具有"思想"？如何看待人工智能的存在？一系列关于人工智能的存在论和认识论的问题已经涌现在人类的思考之中。科学技术的发明创造正在以前所未有的速度改变着人类文明的前进走向,因此,人类必须要思考和审视人工智能带给人类的深刻影响,并从中审视人工智能所带来的"异化"的后果和风险。从人工智能的"本体(存在)"出发,实现对人工智能的全面认识和理解,才是当下人类必须做的最紧迫的工作。

自 1946 年约翰·冯·诺依曼发明计算机至今,计算机已经有了 70 多年的历史。电子计算机的器件和结构从电子管到晶体管、从中小规模集成电路到大规模集成电路,发展速度已经远远超过人类对计算机的最初想象。计算机从商用到家用的迅速发展,已经成为 20 世纪最为重要的科技发明之一。计算机的诞生标志着人类智能有了存储的载体和运行的空间,并能够通过"算法"发挥出超过人类的能力。

1997 年,当 IBM 公司推出的"深蓝"计算机,第一次用数据分析的方式打败了当时世界国际象棋冠军——加里·卡斯帕罗夫,卡斯帕罗夫说:"我是第一位受到机器威胁的知识工作者。"这一轰动世界的事件意味着人工智能的发展已经真正开始了,这也意味着计算机技术开始趋向于成熟。这一事件距计算机的诞生仅有 51 年的时间,距世界著名的人工智能会议——1956 年夏季"达特茅斯会议"的召开仅有 41 年的时间。所以说,计算机的发展以超乎想象的速度在迅猛发展,并且已经深入了社会生活的各个领域。近年来由于计算机技术的迅速发展和网络技术的广泛应用,人工智能(AI)前景和未来成了当今科技领域,乃至社会领域最为关注的议题。因此,有必要针对人工智能及其认识做出系统性梳理,从中窥见人工智能发展的方向及影响。

(一)人工智能的存在论反思

人工智能作为一项人类发明的技术成果,与人类文明的发展紧密相关,通

过工具发明和技术改进促进人能够从繁重的体力和脑力劳动中解放出来,是人类与其他生命体最大的区别。当人工智能在某些方面远远超过人类智能的情况出现时,对于人工智能与人类智能的思考就摆在人类面前。何谓人工智能?已经成为涉及人工智能存在论的根本性问题。"当人工智能成为万能技术系统而为人类提供全方位的服务,一切需求皆由技术来满足,那么,一切事情的意义也将由技术系统来定义,每个人就只需要技术系统而不再需要他人,人对于人将成为冗余物,人再也无须与他人打交道,其结果必然是,人不再是人的生活意义的分享者,人对于人失去了意义,于是人对人也就失去了兴趣。这就是人的深度异化,不仅是存在的迷茫,而且是非人化的存在"①。

马克思指出:"通过实践创造对象世界,改造无机界,人证明自己是意识的类存在物,就是说是这样一种存在物,它把类看做自己的本质,或者说把自身看做类存在物。"②人作为类存在物,有其发展的自然历程,人类的存续与发展是作为类的延续,并以此为基石的发展。人类经过漫长的生物进化过程走到今天,是有一套生物机能和自然遵循的。人类智慧是伴随着生物进化而产生的最为奇妙的生命奇迹。

人工智能是人类智慧通过不断实践而创造出来的对象世界,这个对象世界以人类智慧的结果而呈现出来。因此,认识对象世界必须从认识人类自己出发。恩格斯说:"随着自然规律知识的迅速增加,人对自然界起反作用的手段也增加了;如果人脑不随着手,不和手一起,不是部分地借助于手而相应地发展起来,那么单靠手是永远造不出蒸汽机来的。"③以人类知识为限,迄今为止人类作为是脑力和体力有机结合最优,并且生活在地球上的最高智慧生物体,有着生物体无可企及的智慧和能力。人类是自然界的产物,人类智慧的形成与人类自己的实践活动紧密相连,人类在实践中产生了语言,在交往中发展了智慧。人类智慧通过外在工具转化为探索未知世界的关键性力量,人类使用工具的变化明显感受到人类智慧发展的历程。人类在实践中产生了智慧,并将智慧运用于实践过程之中,从而使人类社会经历了石器时代、青铜器时代、铁器时代、蒸汽时代、电力时代,并迅速进入了信息时代和人工智能时代。

---

① 赵汀阳:《人工智能"革命"的"近忧"和"远虑"——一种伦理学和存在论的分析》,载《哲学动态》2018年第4期。
② 马克思:《1844年经济学哲学手稿》,人民出版社2018年版,第53页。
③ 《马克思恩格斯选集(第4卷)》,人民出版社1995年版,第274页。

由此可见,人工智能是人类发明和创造地认识世界和改造世界的工具。

科学技术的发展往往会使人类陷入这样一种理论与实践界限模糊的状态,人工智能也存在这种界限模糊的状态。"人工智能教育应用的算法风险包括算法的简约化、算法的大规模应用、算法黑箱、算法偏见、算法鸿沟以及过度依赖算法给学生、教师学习成长和个性发展带来的潜在风险"①。人类社会往往会根据现有的知识和经验来判断发展的需要,只要科学技术的发展能够为人类带来可以预期的利益,这样的科学技术就是可行的、可复制、可推广的。这样的结果往往导致人类认识世界会局限于某一方面(经济利益或政治利益)来进行考察,而忽视涉及指导思想本身的深入思考。例如,20世纪五六十年代英国伦敦鼓励在伦敦市内发展不同类型的工厂,包括各种大型的火力发电厂、煤厂和化工厂等人类最新创造性成果来推动经济发展,直接导致伦敦烟雾酸雨事件的发生,并直接导致12 000多人的死亡。这样的理论与实践界限模糊的例子不胜枚举,因此,关于人工智能的认识必须从人类社会发展的整体来进行考察,而不能局限于满足人类的阶段性需求方面来开展。

探讨人工智能技术也需要像人类所经历的以往的科技成果应用一样进行存在论的审视和思考。人工智能作为人类发明创造的对象物有其产生和发展的逻辑,因此,必须重视何谓人工智能,何谓人工智能技术,何谓人工智能体等一系列关乎人工智能存在和发展的根基性议题的存在。"20世纪下半叶,计算机科学家们在创构一些大型而稳健的本体,但相对而言很少讨论本体是'如何'创构的。这无疑为哲学存在论研究提供了广阔空间,从基本概念的厘清开始,就是存在论研究的重要工作"②。人工智能首先作为一项技术存在是与人的发明创造紧密相关的,人工智能技术的存在需要技术的载体——人工智能体,人工智能体可以表现多种多样。人们往往将人型机器人(聊天机器人、迎宾机器人、早教机器人等)等同于人工智能体,而不能接受非人型机器人也成为人工智能体的现实,然而,人工智能应用领域的广泛性也直接关系到对人工智能的理解和认识。

"人类智能将最接近自身的人工智能这一'类存在物'创造出来,便注定将人类的根本前途和命运推入一个新的充满变革、挑战和不确定性的存在论场

---

① 谭维智:《人工智能教育应用的算法风险》,载《开放教育研究》2019年第6期。
② 王天恩:《人工智能和关系存在论》,载《江汉论坛》2020年第9期。

域当中"①。人类对这样一种发明创造,本身就具有极大的风险和挑战,这样的风险和挑战同样是与人类的发展诉求紧密相关。人类在寻求更多时间和空间进程中创造出来了可以帮助人类认识世界和改造世界的工具——人工智能。这样的工具能够极大改变人的生产方式和生活方式,能够将人从繁重的劳动中解放出来。这正是人工智能得以被创造出来的最大动力。人工智能出现之前,人类发明的工具都是人的某方面能力的有效延展,汽车、火车、飞机的发明创造解放了人类的生物性移动的限定,并能够给以百倍千倍的速度来实现对速度的追寻;如望远镜、显微镜的发明创造解放了人的眼睛视觉界限。

人工智能的广泛运用也直接影响到人作为主体存在的价值标准,在这样一个创造出来的无机世界中的智能存在如何与作为"主体"的人进行相处?已经成为被广泛讨论的问题。"到了 19 世纪前后,非人类中心主义就得到了快速发展,拉·美特里(JOD La Mettrie)就提出了'人是机器'的著名论断。后来随着全球性的环境与生态问题的爆发,它又获得了广泛的关注"②。著名技术哲学家西蒙栋(Gilbert Simon-don)对技术的思考,他认为技术的系统化使得人类被去中心,并且只有当人以操作者和操作对象的双重角色介入技术活动时,才会越过被去中心从而不被异化的界限③。德国思想家恩斯特·卡西尔(Enst Casser)曾对人类中心主义做过猛烈的批判。他认为:"人总是倾向于把他生活的小圈子看成是世界的中心,并且把他特殊的个人生活作为宇宙的标准。但是人必须放弃这种虚幻的托词,放弃这种小心眼儿的、乡巴佬式的思考方式和判断方式。"④凡此种种的众多讨论,往往将人的主体地位放在式微的现实面前,就越来越无存在感。人工智能的发明与创造似乎就成了取代人类智能的潜在主体,这与人工智能发展的初衷大相径庭。"人工智能时代研究者的主体性不是退却的,而是借助技术更好地发挥研究者的主体性。技术对人的增强并不应挤压'人'的空间;'人'不应排斥技术,技术同样不能排斥人"⑤。

---

① 蒋红群、谭培文:《人工智能之于人的存在论变革及反思》,载《学术论坛》2019 年第 3 期。
② 董春雨、薛永红:《机器认识论何以可能?》,载《自然辩证法研究》2019 年第 8 期。
③ Simondon G. The Limits of Human Progress: A Critical Study. Cultural Politics: An International Journal,2010,6(2).
④ [德]卡西尔:《人论》,甘阳译,上海译文出版社 1985 年版,第 20 页。
⑤ 田芬:《从"数据崇拜"到"数据正义":人工智能时代高等教育研究范式的旨趣转换》,载《清华大学教育研究》2021 年第 1 期。

人工智能存在论的意义就在于其是能够为人类服务的工具属性不能更改。如果人工智能在未来取代人类智能,那么就是"工具的异化",工具不能被人所使用,反而成了束缚人类发展的禁锢和锁链。将人的主体意识被数字化定义和消散,个体自由被拆解并抛进一个符号化和智能化系统控制的管理世界之中。人类越来越受控于机器,同时,人类越来越失去对机器"主体意识"的控制①。因此,"机器就是工具,人工智能也是机器,人工智能也是工具"。这样的逻辑结构是人工智能存在的最为基础的内容。尼尔·波斯曼(2019)在《技术垄断》中曾言,"人们往往只看到新技术之所能,想不到新技术帮倒忙的后果"。并且,"在技术垄断时期,人们受生活的驱使,渴望获得新技术。至于目的何在、有何局限,那不是人们要思考的问题;人们也不习惯提这样的问题,因为这是前所未有的问题"。现实往往是,人们往往会忽视作为人工智能基础性工具的计算机,当人们广泛使用计算机时,往往会忽视它所涉及的领域和范围以及它所带来的各种影响。如何正确看待人工智能带来的风险和挑战,成为人类运用人工智能技术中必须重点关注的,特别是人类思维已经适应于人工智能之下,这是特别值得关注的问题。

(二) 人工智能的认识论追问

人类对世界未来前途的认识会直接关系到人工智能发展的程度。认识广度和深度直接影响人们是否可以做出正确决定的基础。人工智能认识论是当代人工智能迅猛发展进程中需要解决的最为紧要的任务。认识论存在于人类哲学智慧非常漫长的历史阶段,人工智能却是新近才涌现的技术形式,从这一角度出发去认识和理解人工智能就更简单。人工智能促进认识论的发展,认识论是人工智能发展的哲学基石。"认识论与人工智能存在的根基性的关系,使得人工智能在今天,理所当然会使认识论的地位得到极大提升。哲学的重心曾经历经从古代本体论到近代认识论再到现代人本学的转变,而今人工智能某种意义上又使认识论重回哲学的中心,使其得到关注的程度与日俱增,这可以说是人工智能最重要的认识论效应之一"②。

认识论的发展是人类哲学智慧发展的延伸,人工智能的发展同样也是人

---

① 余乃忠:《大数据时代的认识论重塑》,载《江海学刊》2019年第5期。
② 肖峰:《人工智能的认识论效应》,载《大连理工大学学报(社会科学版)》2021年第3期。

类科学智慧发展的延伸。认识论与人工智能的关系似乎与哲学与科学的关系一样,人工智能从认识论分化出来与科学从哲学分化出来的路径完全相同。"从根基的意义上说,人工智能起源于认识论。人工智能产生的年代,正是认识论发展到理性主义占支配地位的阶段,当一些认识论哲学家(如罗素、弗雷格等)完成了数理逻辑这一理性认识的数学和逻辑工具后,人们追求一种精确化、普遍性的知识形式就必然成为一种认识论主题;而当计算机问世后,将这样的知识形式化进而通过计算机加以模拟的人工智能路径就成为必然,这也正是符号主义人工智能发端时,许多创始人受到分析哲学和逻辑实证主义直接启发而走上 AI 研发之路的情形"①。

认识论作为坚持主体性为基本特征的关于世界的认知结构,所以认识论必须具有主体性。人工智能的主体是"人"还是"物"? 成了一个现实需要解决的问题。这个"物"是否具有智能,是否具有智慧,是否具有超越人的能力成为人类认识人工智能的关键问题。传统的认识论都可以看成是以人类为中心的认识论,因为在传统认识论中,包含这三种预设:① 默认人类为认识活动的唯一主体;② 以人类个体或集体的感官或心智作为认识的终极标准;③ 对感觉信号的分析、判读或者理解,要由人类心智完成②。当人类认识论陷入传统认识论的窠臼时,很难真正理解人工智能发展的未来。因此,必须将人类认识世界的路径进行重新设计,只有这样才能真正实现对人工智能发展的正确理解。"从人类发展史来看,人类有两类基本的活动:一是探索自然存在的既存事物;二是创造自然存在的世界从来没有过的全新事物。这两种不同的活动意味着两种不同的认识:对既存事物或世界存在规律的认识和对创造新事物及其规律的认识"③。人工智能作为全新事物,必须运用全新的认识来理解人工智能的发展。

人工智能产生以来,认识论也相应地发生了深刻的变化。从不同的角度对人工智能认识论做出全面分析和理解是认识论推动人工智能发展的重要环节。"从分类学的观点来看,人工智能的认识论问题大致可以划分为两个层面:一是人工智能本身的认识论问题;二是由人工智能引发的认识论问题。

---

① 肖峰:《人工智能的认识论效应》,载《大连理工大学学报(社会科学版)》2021 年第 3 期。
② 苏湛:《汉弗莱斯对传统认识论的批判与非人类中心主义认识论》,载《自然辩证法研究》2018 年第 10 期。
③ 王天恩:《大数据和创构认识论》,载《上海大学学报(社会科学版)》2021 年第 1 期。

前者决定了人工智能研究者选择哪条进路来实现人工智能,后者则揭示了生活在网络化、信息化、数字化和智能化时代的我们需要关注的新的认识论问题"①。人工智能自身认识论与人工智能存在论是相一致的,这是同一个问题的两个方面;人工智能引发的认识论问题也成为新认识论问题的起点。对人工智能这一技术从思想上进行统一认识,才能实现跨越发展。

人工智能与大数据紧密相关,通过大数据的传输和运用,人类对世界的认识也出现了革命性的变革。大数据时代往往是与人工智能时代紧密相关,人工智能的发展与人类运用网络的程度息息相关。大数据是人工智能时代最显著的特征,在这个时代大数据已经成为描述、计量及发展的决定性工具,世界万物都可以通过计算获得相应的数据,极大丰富的数据资源已经成为描绘现实世界图景的镜像,大数据与人工智能的发展已经决定着社会发展的未来方向。

人工智能将复制人类大脑成了可能,虽然人类大脑是生物有机体经过漫长的进化而获得的,而人工智能是通过无机体的"算法与运行"得以实现的。虽然两者有着截然不同的构成路径,但是两者所能够实现的目标却惊人的相似。我们"若想复制人类思维过程,必须先拷贝人的大脑,让这样的机器脑能够像人类一样思维"②。通过人工智能确实实现了这种"拷贝","我们对自然界的整个支配作用,就在于我们比其他一切生物强,能够认识和正确运用自然规律"③。人类除了能够认识自然界之外,还在创构新的物理世界。这种新的物理世界也存在局限性。"① 能行动却不能自知的人工智能;② 能存储却不能记忆的人工智能;③ 能感知却不能理解的人工智能;④ 能创新却不能创造的人工智能"④。诸如此类的研究局限不胜枚举,这也是人类智能与人工智能最大的区别。

我们对客观世界的认识必须"始终站在现实历史的基础上,不是从观念出发来解释实践,而是从物质实践出发来解释观念的形成"⑤。坚持"实践—认

---

① 成素梅:《人工智能的几个认识论问题》,载《思想理论教育》2019年第4期。
② [美]约翰·卡斯蒂:《剑桥五重奏——机器能思考吗?》,胡运发、周水庚、杨茂江译,上海科学技术出版社2006年版,第124页。
③ [德]恩格斯:《自然辩证法》,中共中央马克思恩格斯列宁斯大林著作编译局编译,人民出版社2018年版,第314页。
④ 黄毓森:《人工智能的认识论批判》,载《广东社会科学》2018年第5期。
⑤ 《马克思恩格斯选集(第1卷)》,人民出版社1995年版,第92页。

识—再实践—再认识"的认识与实践的过程是真正实现对人工智能理解的基础。"图灵使我们认识到,人类在逻辑推理、信息处理和智能行为领域的主导地位已不复存在,人类不再是信息圈毋庸置疑的主宰,数字设备代替了人类执行了越来越多的原本需要人的思想来解决的任务,而这使得人类被迫一再地抛弃一个又一个人类自认为独一无二的地位"①。在这样的认识基础上,人工智能的发展已经成为一个人类必须面临的发展难题。人类在人工智能面前还能做什么?成为不断拷问自我的哲学问题。

(三) 人工智能从存在论到认识论的飞跃

图灵(A. Turing)的一句"机器能思考吗?"提出了对未来人工智能的哲学思考。人工智能不仅是人类制造的工具,而且成了人与物进行交流沟通的重要载体。我们坚持的"人类为中心"观念已经成为历史产物,正像美国科学哲学家汉弗莱斯也据此断言:"一个完全以人类为中心的认识论已经再也不合时宜了。"②关于人工智能的认识也不能仅仅停留在存在论的层面,需要结合人工智能的最新发展而在认识论的层面上更进一步地提升和飞跃。

人工智能认识论与科学技术的迅速发展紧密相关,科学技术的发展促进人工智能技术迭代发展。人类通过人工智能技术已经成了可以创构"新世界"的更高层级的生物体,这样的"新世界"不同于有机生物界,而是由无机物所构成的,并且这种无机物所构成的人工智能体能够通过传导人类智慧实现与人类的"对话",甚至影响人类对世界的认识和理解。"大数据和人工智能的发展,使人类活动回归认识和实践一体化。从上帝之眼到上帝之手,人类的伦理地位根本改变"③。人工智能是人类实践的结果,这样的实践过程能够推动人类自身智慧发生新的变化。实践是一种感性的现实的人类活动,是人与外部世界进行物质、能量和信心交换的最基本方式。实践又是有意识的、有目地进行的,是人的理智、情感、意志等内在本质力量的对象性表现,也是人的自觉性和自由精神运动的最现实表现④。人类创构的这样的人工智能"新世界",是

---

① [意]卢西亚诺·弗洛里迪:《第四次革命:人工智能如何重塑人类现实》,王文革译,浙江人民出版社 2018 年版,第 107 页。
② Paul Humphreys. The Philosophical Novelty of Computer Simulation Methods. Synthese, 2009, 169(3).
③ 王天恩:《大数据、人工智能和造世伦理》,载《哲学分析》2019 年第 5 期。
④ 欧阳康:《马克思主义认识论研究》,北京师范大学出版社 2018 年版,第 5 页。

人类实践基础上的自觉行动,同时也是需要整体认识和把握的行为。

认识论的飞跃是在人工智能技术飞跃的基础之上才能出现的,认识论的发展也促成了人类从更高层面来认识和理解人类智能与人工智能的关系问题。认识论的发展需要从人工智能的发展进步中获得更多的滋养,人工智能就像人类智慧自身的一面镜子,可以展现出人类智慧发展的轨迹,从这样的逻辑进行推演,可以获得人类智慧形成的过程。在此基础上,可以更好地认识人工智能这一人类智慧载体的运作。"从特定方面获得关于智能本质的新进展,从而拓展和深化认识论的当代研究。认识论研究如果疏离人工智能,就不能与智能时代日新月异的步伐同步"[①]。

从更高层次来整体认识人工智能的存在已经成为关涉"人与人工智能体关系"亟须解决的问题。"造世哲学"是解开人工智能发展的一把钥匙,不能仅仅从与人类生活的层面来分析人工智能产生和存在的问题,需要向上跃迁一个层次来实现对人工智能的新认识。"在造世哲学中,我们不仅可以看到空前丰富的内容,更可以看到全然不同的机制:创构过程本身生动地表明,存在论或本体论层次可以有次生世界存在论和原生世界本体论的关联;知识论或认识论层次可以有创构认识论和描述认识论两种认识论旨趣的整合;价值论层次可以看到创构和造世的价值维度;逻辑学层次也可以看到创构的逻辑以及次生世界的逻辑结构等;美学层次可以看到创构美学和造世美学;伦理学层次更是如此,可以有创构伦理和造世伦理等"[②]。对于"造世学说"的认识是人工智能认识论的一个飞跃,摆脱了原有的思想束缚,真正实现了从一个低层级认识跃迁到一个高层级的认识环节。

人工智能赋予机器的能量已经彻底改变了人类对"人—机"关系问题的看法,"随着机器在认识中的地位和作用发生本质改变,人类对人、机器和'人—机'及其相互关系都有了全新的认识。传统的认识论是以人为绝对的认识主体,属于人类中心主义;而以机器、'人—机'系统为认识主体的均属于非人类中心的认识论的形式"[③]。从更高层级来反观人工智能的发展,已经摆脱了"人类/非人类中心论"的观点,从更高层级来看待这样的关系已经超越了人类思维所固有的认识论模式。

---

① 肖峰:《人工智能的认识论效应》,载《大连理工大学学报(社会科学版)》2021年第3期。
② 王天恩:《信息文明时代的造世哲学》,载《河海大学学报(哲学社会科学版)》2020年第4期。
③ 董春雨、薛永红:《机器认识论何以可能?》,载《自然辩证法研究》2019年第8期。

人类的认识过程本身就是一个不断探究和试错的过程,这样的探究和试错是建立在人类认识世界存在局限性的基础上。人工智能的发展已经在某些方面远远超过人类认识的范围,现有的技术条件下人类无法直接登陆火星进行探测,但是在科学技术的推动下,人工智能技术的广泛应用中,人工智能体可以代替人类到达火星,并进行探测和研究。人工智能体能够代替人类做人类无法完成的工作,对于这样的现象如何认识,就需要人类有更大的勇气和更深的思考。对于这样的认识,需要跳出现有的认识局限性。"在人们对客观事物的认识过程中,有两个方向相反的运动:从经验事实得出抽象理论;又从抽象理论解释经验事实。前者是通过一般观察得到的具体经验事实,经思维加工得出结论;后者则是用已有的理论或观点解释所观察到的事实。在认识过程中,只有形成一定的理论或观点,才能使认识具有理解客观现象所必需的方向性"[1]。人工智能是人类发明创造的客观存在物,也需要从人类的经验和理论两个方向来进行思索。

人工智能一定会随着人类科学技术的进步而不断向前发展,我们对人工智能技术的认识也会直接影响到人工智能未来发展的方向。只有跳出现有的认识论框架来认识人工智能才能真正促进人工智能的跃迁式发展,才能更好地与人类的发展相融合。"我们将智能或认知的本质在认识论上理解为什么,就会在技术上去追求将人工智能做成什么;而我们实现了什么样的人工智能,则印证了我们对认知本质的相关理解之合理性,所以在一定意义上我们甚至可以说:人工智能就是认识论"[2]。对人工智能的认识是不断发展的过程,通过从更高层级来审视人类智能与人工智能的关系,实现人工智能的认识论飞跃是创构人类智慧新载体的思想基础,也为人工智能的发展指明了方向。

三、教育变革是实现教育现代化的必由之路

(一)科学技术是教育变革的第一推动力

科学技术与教育共同推动国家发展进步,教育是立国之本,科技是强国之路。教育是推动社会进步的基础,科技是推动社会发展的关键力量,两者在人类社会中都扮演着十分突出的角色。科技和教育在社会发展中更是表现出相

---

[1] 王天恩:《理性之翼——人类认识的哲学方式》,人民出版社 2002 年版,第 227 页。
[2] 肖峰:《人工智能与认识论的哲学互释:从认知分型到演进逻辑》,载《中国社会科学》2020 年第 6 期。

互依存和互相影响的关系。教育为科技事业提供源源不断的人才,科技为教育事业插上了腾飞的翅膀。

1995年5月,《中共中央、国务院关于加速科学技术进步的决定》中首次提出在全国实施"科教兴国战略","科教兴国战略"为科技与教育的融合提供了国家层面的保障。实践证明,为全面推动教育发展和科技进步具有明显的作用。遵循这一战略安排,根据我国经济社会发展情况付诸实施,这一战略取得了巨大的社会效益,为国家的发展提供了强有力的支撑。"科教兴国战略"为推动科技进步和教育事业发展提供了科学指引,推动了我国科技和教育事业取得历史性成就和发生历史性变革。

教育为科技进步提供了最重要的人才保障。人才是社会进步的根本依靠力量,人才的涌现与教育事业的发展有着紧密的联系。教育水平的提升直接关系到人才培养的效果,特别是在改革开放以来,我国教育事业取得了巨大成就,学历人才及技能人才培养数量均大幅增加,这样就为科技事业的发展提供了重要的人才保障。如,在20世纪90年代,我国高等教育领域相继启动了面向21世纪重点建设100所左右高等学校的"211工程";1998年5月提出,为了实现现代化,我国要建设若干所具有世界先进水平的一流大学的"985工程",都对推动高等教育跨越式发展奠定了坚实的基础。在此基础上,自2015年我国在高等教育领域探索创建"双一流"大学,并取得了实质性成果,为人才培养、社会服务、科技发展、社会进步都提供了最宝贵的人才储备,也为科技事业的发展提供了最宝贵的资源。教育领域革新为教育水平的提升提供了强有力的支撑,也给科技领域发展提供了丰富的知识储备。

科技成为教育发展的第一推动力。科技的迅速发展有力地推动了教育领域的深刻变革,科技进步推动了教育理念的更新、教育手段丰富、教育方式转变。科学技术的迅猛发展为教育实践提供了新的场域,特别是信息技术、人工智能技术的发展为教育领域的赋能增效效果显著。教育已经与科技紧密结合在一起,教育领域的智能化场景运用越来越多,教育效果的提升也越来越明显。从科技赋能教育的手段和工具来看,20世纪仍然广泛使用的幻灯机(将授课内容手写在透明卡上进行投影的教学仪器),在今天早已进入了教学工具的"历史博物馆",取而代之的是电脑连接的投影仪、智慧教室、智慧黑板一体机等现代教育工具,这样的变化都是科技赋能教育的重要体现,也是科技成为推动教育发展第一推动力的表现。

科技发展为教育进步提供了重要的物质保障和精神支持。科技进步推动了一大批原创成果的出现。特别是在科技领域实施的"863计划"和"973计划",极大地推动我国科学技术水平的发展,为加强国家战略目标导向、基础性和前沿性研究工作方面打下了坚实的基础。如,中国的航天科技和"北斗"导航系统的发展为科技进步提供了重要的支持,也为通信技术的广泛应用建立了信息交互平台。科技发展改变着人类的生活,更深刻变革教育领域的各个环节。《中国教育现代化2035》指出,"加快信息化时代教育变革。建设智能化校园,统筹建设一体化智能化教学、管理与服务平台。利用现代技术加快推动人才培养模式改革,实现规模化教育与个性化培养的有机结合"①。以网络信息化为标志,人工智能的广泛应用成为推动教育领域实现变革式发展的重要推动力。

科学技术是第一生产力,科学技术是教育变革的第一推动力。现代社会中科学技术已经成为经济社会发展中最为重要的影响变量,科技水平高低直接影响到经济社会发展水平。科技水平高的国家,经济社会发展水平和教育水平普遍较高,这是由科技助推教育发展的结果。科学技术特别是人工智能技术的广泛应用,直接推动了教育内容的深刻变革。"加快人工智能领域科技成果和资源向教育教学转化,推动人工智能重要方向的教材和在线开放课程建设,特别是人工智能基础、机器学习、神经网络、模式识别、计算机视觉、知识工程、自然语言处理等主干课程的建设,推动编写一批具有国际一流水平的本科生、研究生教材和国家级精品在线开放课程;将人工智能纳入大学计算机基础教学内容"②。同样人工智能技术的广泛应用也变革着教育模式和理念。"① 变革传统教育模式;② 为学生提供个性化学习服务;③ 为教师提供精准化教学服务"③。人工智能为教育个性化和精准化提供了可能,技术的介入为教育的变革提供了重要的条件。人工智能技术可以有效推动教育教学变革,推动数字校园向智能校园转变,探索基于人工智能的教学新模式,变革教学流程(如翻转课堂、微课等),并广泛采用人工智能开展教学过程的监测和学情分

---

① 中华人民共和国教育部网站,http://www.moe.gov.cn/jyb_xwfb/s6052/moe_838/201902/t20190223_370857.html.
② 教育部关于印发《高等学校人工智能创新行动计划》的通知,中华人民共和国教育部网站,http://www.moe.gov.cn/srcsite/A16/s7062/201804/t20180410_332722.html.
③ 宋灵青、许林:《人工智能教育应用的逻辑起点与边界——以知识学习为例》,载《中国电化教育》2019年第6期。

析,充分运用人工智能与信息技术、大数据技术,做到精准评估教学效果。同时,人工智能技术赋能下的教育,可以将教师从重复性和机械性教育过程中解放出来,可以从个性发展角度用更多的精力去关注每一名学生的成长。

科技进步为教育发展提供了重要的基础,特别是在推动教育变革方面,科技产品为教育发展提供了可能性和可行性。"推进学校管理智能化是实现教育治理现代化的重要内容,云计算、大数据、物联网、移动互联网、人工智能等技术的应用将为提高教育教学质量、提升教育治理水平提供助力"[①]。教育必须符合人类社会发展进步的需求,这是科技成为推动教育变革的第一推动力。

(二) 现代教育思想指引教育变革的方向

1983年,邓小平同志为北京景山学校题词,其内容即后来所简称的"三个面向"——"教育要面向现代化,面向世界,面向未来"[②]。"三个面向"成为我们对现代教育最系统的认识。思想是系统性理论的集大成者,教育思想是基于现代教育理论发展而来的,是对教育理念、教育方式、教育手段、教育过程等教育要素进行全方位认识理解形成的系统观念的总和。现代教育思想基于现代教育理念和手段形成的,是与现代社会相契合的思想认识。现代教育思想基于社会现代化基础上发展而来的,具有现代社会的基本特征。"所谓现代化,是指人类认识自然、利用自然和控制自然(包括人类自身)的能力空前提高的历史过程以及由此而引起的政治、经济、文化等社会各领域广泛而深刻的变革,其目标是创造高度的物质文明和精神文明"[③]。人们对现代化的认知直接影响到人类社会发展水平。现代教育思想直接影响和改变着教育领域的发展,推动教育变革朝着符合时代发展要求的方向前进。

现代教育思想与现代化紧密联系,现代化是一个国家或一个社会全方位的实现过程,其中教育在实现现代化过程中起着决定性作用,教育是知识学习和精神传承的主要方式,教育推动人类文明不断发展,推动社会不断进步,推动人的自身价值实现的根本性前提。"教育现代化是社会现代化的组成部分。社会的现代化包括人的现代化。从理论上讲一个国家要实现现代化,首先要

---

① 李冀红、万青青、陆晓静、杨澜、曾海军:《面向现代化的教育信息化发展方向与建议》,载《中国远程教育》2021年第4期。
② 《邓小平文选(第3卷)》,人民出版社1993年版,第35页。
③ 顾明远:《关于教育现代化的几个问题》,载《中国教育学刊》1997年第3期。

求人的现代化,这就要求教育的现代化。教育现代化确是国家现代化不可缺少的条件,二者互相促进,互为因果"①。现代教育思想为教育现代化的实现提供最重要的思想基础,为实现人的现代化提供了根本的思想指引。"教育的现代化最重要的是教育思想的现代化即教育思想的现代转化使它适应现代社会的需求"②。在教育现代化中逐渐形成了以现代教育思想为基础,以国家或社会现代化为表现的形态。因此,社会现代化以人的现代化为基础;人的现代化以思想现代化为抓手;思想现代化以教育思想现代化为基点。因此,教育思想现代化是实现现代化的根本前提。

现代教育思想以思想认识水平为基础,以科学技术发展水平为根据,现代教育思想认识高度直接关乎教育的整体发展水平。通过科学分析对现代教育进行综合性考察,针对教育领域的问题或矛盾提出前瞻性的思考,并适时为教育变革提供有效的解决方案。现代教育思想以教育发展为依托,以实现教育现代化为目标,综合现代教育技术、现代教育手段、现代教育理念形成的系统性认知。现代教育思想在变革教育方向方面具备三项明显特征:超前性、融合性、发展性。

现代教育思想具有超前性特征主要是指,现代社会是现代教育思想形成的社会基础,现代教育思想能够从社会教育领域的综合性认知中,不断提升对教育发展状况的认识水平。通过理论总结和系统反思,可以将现代教育思想的认识水平提升到较高层次,发挥出对教育实践活动的超前性指导作用,思想认识源于实践却高于实践,这是思想超前性的一般性认识规律。

现代教育思想融合性特征主要是指,现代教育思想是融合教育的理论与实践;教育的学段与类型;教育的国情与发展等内容。现代教育理论是具有指导教育实践发展的作用,教育实践又可以检验教育理论的合理性与正确性。二者的融合性发展是促进现代教育思想的发展最基础的推动力。学段教育是现代教育普遍采用的方式,学校教育普遍采用小学、中学(包含初级中学和高级中学)、大学的学段教育,同时在各个学段间还存在通过性考试和选拔性考试等形式。学校类型的差异为教育发展提供了更多可能性,按照知识教育和技能教育进行划分,可以分为知识培养型学校和职业技能培养型学校;按照学

---

① 顾明远:《关于教育现代化的几个问题》,载《中国教育学刊》1997 年第 3 期。
② 顾明远:《关于教育现代化的几个问题》,载《中国教育学刊》1997 年第 3 期。

历层次划分,可以分为专科教育层次、本科教育层次、研究生教育层次和继续教育层次等学校。学校教育的学段和类型的差异给教育带来现代教育思想的多样,因此,需要将教育的学段与类型进行融合才能找到适合现代教育的思想。教育发展水平由于国情不同,在不同国家间存在较大差距。国家综合实力和发达程度直接关系到教育的发展水平,普遍的情况是发达国家的教育水平普遍较高,教育理念、教育手段等均比较先进,相反在综合国力相对落后的国家,教育水平普遍不高。因此,国情与发展水平也是影响现代教育思想发展的关键性因素。

现代教育思想的发展性主要体现在教育思想的与时俱进,现代教育思想是从传统教育思想转变而来的,这就是事物发展的基本规律。社会的发展进步为思想的发展提供了最坚实的物质保障,教育的发展同样为现代教育思想的发展提供了坚实的基础。"教育现代化是一个国家、民族或地区的教育在适应现代化社会发展要求的过程中,不断调整传统上延续下来的教育思想观念、教育制度规范、教育内容和方法以及教育行为等,逐渐形成新的教育形态及其现代性特征的过程,这是一个渐变的乃至潜移默化的'化'的过程"[①]。现代教育思想就是传承发展中不断呈现出时代特征,为教育发展提供了不竭的思想动力。现代教育思想是教育现代的前提性条件,只有从思想认识准确把握现代教育的本质和价值,才能真正实现教育现代化。

教育变革是时代发展的必然要求,也是现代教育思想不断推进的必然结果。教育变革的方向是教育现代化,现代教育思想是推动教育变革和实现教育现代化的关键。"教育现代化的内容很广泛,包括教育思想的现代化、教育制度的现代化、教育内容的现代化、教育设备和手段的现代化、教育方法的现代化、教育管理的现代化等等"[②]。教育制度、教育内容、教育设备、教育管理等要素都决定着教育变革的方向和进度,共同构成了教育变革的主要内容。现代教育思想的与时俱进性成为推动教育内容变革的关键性力量,并直接关乎教育变革成果。

(三)教育现代化以教育变革为基石

现代化有其特定的含义,"它是指人们利用现代科学技术,全面改造自己

[①] 杨小微、游韵:《教育现代化的中国视角》,载《教育研究》2021年第3期。
[②] 顾明远:《关于教育现代化的几个问题》,载《中国教育学刊》1997年第3期。

生存的物质条件和精神条件的过程"①。现代化国家(或现代化社会)是实现现代化的最宏大目标,是整体现代,除此之外,各个领域内的现代化都构成现代化国家和现代化社会的系统性内容。各个领域的现代化作为整体现代化的有机构成部分,会直接影响和推动着整体现代化的进展。教育现代化是现代化社会目标实现的最关键的领域,这其中最重要的原因就是教育现代化直接推动人的现代化实现。人的现代化,是全方位的现代化,更是整体性的现代化。

人的现代化不仅是人的行为的现代化,也是人的思想观念的现代化,更是教育理念的现代化。国家的现代化以实现人的现代化为前提条件,教育现代化是促进人的现代化的关键要素,教育现代化应该是以教育变革为重点予以整体观照。"教育现代化的实质是受'教育'和'现代化'的实质所决定的。从教育实质的决定而言教育现代化实质就是人的现代化或使人转向现代化"②。人的现代化的基点是教育现代化,人的发展必须是以接受教育为前提,这是推动人的现代化实现之根本。"人的现代化是一种综合体,在量上,指全社会的人而不是某些个人;在质上,具有现代素质的人是全面发展的新人。所以只有实现了人的现代化,才有社会活动的现代化,才有现代社会的建立"③。

"作为国家现代化的重要组成部分,教育现代化是国家现代化在教育领域的具体体现,其本质是人的现代化"④。信息化、智能化已经成为现代社会的重要标志,也成为影响人类社会生产和生活的关键环节。在信息技术的影响下,教育领域影响越来越明显。教育现代化成为推动国家现代化的重要抓手,并推动国家现代化的全面发展。"教育现代化是国家现代化的组成部分,也是社会现代化的一个重要领域,因而,讨论教育现代化性质的前提,是要厘清国家和社会现代化的性质、中国现代化的立场与视角"⑤。国家现代化伴随着国家治理体系和治理能力的普遍提升而发挥出更加重要的作用。"作为国家治理体系和治理能力现代化的重要组成,教育治理体系现代化和治理能力现代化通过推进教育治理体系和治理能力现代化建设,在于打通教育体制机制阻碍,

---

① 孙立平:《社会现代化》,华夏出版社1988年版,第5—6页。
② 邬志辉:《推行教育现代化的三个理论前提》,载《教育理论与实践》1998年第6期。
③ 张中原:《教育现代化的人性论审视》,载《教育研究与实验》2021年第2期。
④ 杨文杰、张珏:《以教育现代化支撑与驱动国家现代化——兼论我国教育现代化的发展愿景》,载《教育发展研究》2021年第3期。
⑤ 杨小微、游韵:《教育现代化的中国视角》,载《教育研究》2021年第3期。

修正教育制度体系存在的诸多问题,以促进教育事业的现代化发展"①。因此,教育现代化推动国家现代化的实现,国家现代化的实现更能全方位推动教育现代化提前布局。

"教育现代化是一个不断升级、选择和发展的动态过程,是各级各类教育事业协调发展的过程,也是教育治理水平不断提升的过程"②。在这一过程中,科技发挥的作用越来越凸显,以信息技术为载体的教育现代化已经深入到教育改革的关键领域。教育信息化成为教育现代化发展的一种趋势,"教育信息化绝不是以设施设备、网络环境和应用系统等的建设为目的,任何新技术引入到教育中来,其目的显而易见是为了解决教育中所存在的问题"③。教育信息化成为解决现代教育中出现的新问题的重要方式,伴随教育变革的深入,教育信息化的作用越来越突出。

教育现代化目标的确立,为实现教育现代化制定了时间表。《中国教育现代化 2035》提出"到 2035 年,总体实现教育现代化,迈入教育强国行列"的远大目标。实现这一远大目标,必须将现代科技纳入教育变革的全部领域,特别是信息技术和人工智能技术在教育领域中的应用带来了决定性的影响。教育部印发的《高等学校人工智能创新行动计划》中明确指出,"加快人工智能在教育领域的创新应用,利用智能技术支撑人才培养模式的创新、教学方法的改革、教育治理能力的提升,构建智能化、网络化、个性化、终身化的教育体系,是推进教育均衡发展、促进教育公平、提高教育质量的重要手段,是实现教育现代化不可或缺的动力和支撑"④。教育现代化的实现必须以教育变革为基石,将教育的理念、方式、手段等运用于教育变革的全过程,形成系统性的教育现代化发展理念,为最终实现教育现代化提供技术保障。

信息时代催生了人工智能时代发展,人工智能改变着人类的生存方式。"人工智能+教育"正在改变着教育生态、教育环境、教育方式、教育管理模式等。充分运用"人工智能+教育"的育人功能,是当前教育工作者遇到的重要

---

① 杨文杰、张珏:《以教育现代化支撑与驱动国家现代化——兼论我国教育现代化的发展愿景》,载《教育发展研究》2021 年第 3 期。
② 杨文杰、张珏:《以教育现代化支撑与驱动国家现代化——兼论我国教育现代化的发展愿景》,载《教育发展研究》2021 年第 3 期。
③ 何克抗:《如何实现信息技术与学科教学的"深度融合"》,载《教育研究》2017 年第 10 期。
④ 教育部关于印发《高等学校人工智能创新行动计划》的通知,中华人民共和国教育部网站,http://www.moe.gov.cn/srcsite/A16/s7062/201804/t20180410_332722.html。

机遇。努力构建人工智能教育的理论体系,积极推进人工智能与教育的实践融合,将极大地推动我国的教育现代化的实现。实现教育现代化的关键是要从学校教育领域开始,"学校教育的现代化,可以从硬件和软件两个维度来理解。硬件的维度主要是指学校的物质条件,软件的维度则主要是指学校管理、课程教学、学生学习、教师专业素质等方面。学校教育现代化的终极指向是学生培养的现代化,培养出适合新时代的社会主义建设者和接班人"[①]。教育现代化是以学校教育现代化为纽带,以教育理念现代化、教育技术现代化为抓手,以教师素养现代化和学生培养现代化为目的教育变革,最终实现整体性的教育现代化。

[①] 李洪修:《人工智能背景下学校教育现代化的可能与实现》,载《社会科学战线》2020年第1期。

第一章 教育的演变历程及发展进路

第一节 教育发端——人类文明传承的纽带

一、教育是文明传承的起点

人类文明的传承和延续以教育为纽带。人类从原始社会的野蛮状态逐渐进入文明状态是人类社会发展的必然结果,教育在文明进步中发挥了特别重要的作用。文明是人类社会发展的方向,更是人类社会追求的价值目标。在人类文明发展中,教育在连接代际文明中发挥了纽带作用,教育成为人类社会代际传承的主要方式,也为人类社会发展提供了基础性的文化与知识的资源。"教育是一种方式,和特殊的社会构成一样,是通过多少代人的传承而保留下来的"①。教育是文化弘扬的方式,更是文明传承的纽带。"教育是传统从一代人传到另一代人的媒体,是一个移植传统的过程"②。人类社会由低级向高级不断进化发展,文明的发展亦是如此。远古时期的人类处于茹毛饮血的状态,文明未开化。在未开化状态下,人类的实践和学习过程显得尤为重要,伴随着人类学习和实践的进程在加快,人类自身的进化与社会的发展也在迅猛发展起来。在世界各地陆续出现了早期文明社会雏形,人类文明也伴随着教育的传承而逐渐兴盛起来。

就中国而言,"中国教育制度,已萌芽于唐虞时代"③。这是有文字记载以来,教育是文明社会最明显的印证。伴随的人类社会的不断进步,教育也从统治者阶层逐渐走到民间,并有官办与民办等教育形式,共同推动教育的发展。教育伴随着人类文明几千年的发展,逐渐塑造和形成了推动社会进步、赓续社

---

① [德]卡尔·雅斯贝尔斯:《什么是教育》,邹进译,生活·读书·新知三联书店1991年版,第43页。
② [美]E. 希尔斯:《论传统》,傅铿、吕乐译,上海人民出版社1991年版,第327页。
③ 王凤喈:《中国教育史大纲 中国教育史》,湖南教育出版社2008年版,第22页。

会文明的重要使命。

在中国古代的各个历史时期,教育的作用和影响直接推动了中华文明的形成。特别是中国古代教育家孔子创立儒学以来,教育的影响更是根深蒂固地影响到中国传统文化的发展,推动中华文明的传承。"就孔子之教育方法而言,特点有四:一为注重人格感化;二为注重因材施教,所以门下弟子问仁问孝回答各有不同;三为注重启发,故曰'不愤不启,不悱不发';四为注重循序渐进,故曰'温故知新''学而时习';五为注重社会事物之教授,读《论语》《戴礼》诸书,可知当彼周游列国时常随时随地地教授弟子"①。孔子对教育的影响力直接关乎后世对教育的认识和理解,这也成为传承和维系中华文明最重要的纽带。

教育在文明传承中具有怎样的作用?联系的纽带应该是最恰当的回答。人类社会文化延续靠教育、人类精神传承靠教育、人类知识学习靠教育、人类发展进步靠教育。人类社会从低级到高级的发展,更是靠教育在其中发挥着积极的作用。"人类社会的发展大致经历了农业时代、蒸汽时代、电气时代和信息时代。时代更迭具有三大显性特征:一是科学技术的发展奠定了不同时代的生产力基础;二是生产要素随着时代更迭不断演进,而新生产要素的形成,会驱动人类社会迈向更高发展阶段;三是生产力的飞跃也带来生产关系的重大变革,并引起社会生活各领域发生重要变化"②。人类社会这种发展态势与教育的作用必不可分,从农业文明社会发展到今天的信息文明社会,教育在社会形态转换过程中发挥了重要的纽带作用,教育既能传承知识,又能赓续精神。

教育在不同时代发挥的作用虽然不同,但对推动社会进步的意义却同样巨大。教育在古代社会虽然也发挥了重大作用,如中国古代"科考制度"对于中国古代形成较高水平的教育产生了重要的影响。古代社会教育的受众面非常小,在古代,教育往往是皇家贵族或达官贵人专属权利,直至近代后,平民教育才真正走进寻常百姓家,这为教育迅猛发展提供了最重要的社会基础。

人类社会进入工业化后,现代社会形态也逐渐形成。教育现代化的雏形也在这样的工业文明中逐渐形成。特别是在近代中国,有一大批早期推动中

---

① 王凤喈:《中国教育史大纲　中国教育史》,湖南教育出版社 2008 年版,第 31 页。
② 关成华、陈超凡、安欣:《智能时代的教育创新趋势与未来教育启示》,载《中国电化教育》2021 年第 7 期。

国教育现代化的本土教育家代表,如蔡元培、黄炎培、陶行知等,他们为探索教育现代化发挥了积极的引领和践行作用。新文化运动和五四运动为启智中国民众发挥了决定性的作用,也为教育现代化发展提供了新文化的滋养。中国共产党成立后,毛泽东等人在长沙创办湖南自修大学,倡导"平民主义""取古代书院与现代学校二者之长""图体力与脑力平均发展,并求知识与劳力两阶级之接近"①。中国共产党以实现"民族独立,人民解放,民族复兴,人民幸福"为己任,在教育领域中也进行了大刀阔斧的改革,为实现教育现代化提供了强大的政治保障。

梁启超先生指出,"教育是什么？教育是教人学做人——学做现代人"②。教育是由古老旧中国进入现代中国的必备要素,教育在其中应该发挥更大的作用。教育是"成人成己"最主要的方式,也是实现人的现代化的核心要素。从古至今的人类文明的层级也在不断跃升,文明的样态和形式也随着人类社会的发展有着崭新的表现。人的现代化首先是人的思维认识的现代化,更是人的素质的现代化,教育在推动文明发展中发挥了纽带作用,为人类社会的发展做出了文明推动的贡献。

二、教育思想的演变开局

古今中外,教育思想的形成历史条件和文化土壤都不同,教育的发展轨迹也存在明显的差别,但是在人类社会的交往融合下,中外教育的融合趋势却在增强。按照历史唯物主义观点,历史的发展进步是由人类共同推动的,教育的发展与生产力发展紧密相关。在生产力快速发展与科学技术的赋能下,世界范围内教育的融合发展趋势已经形成一股潮流。回顾中外历史上的教育思想产生的基础,均反映出较高生产力发展水平下,人们对教育的认识和理解也会更加科学、更加符合教育规律。

从教育产生的历史来看,教育伴随人类社会的出现而出现,凡是有人类生产生活的地方必然伴随着学习和教育的共同,也必定有教育的呈现。学习与教育是相辅相成的关系,人类的生存和劳动都是在不断学习过程中成长起来的。"教育目标随时代而变迁。原始公有时代,教育只有生物欲的目的——维

---

① 孙培青:《中国教育史》(第四版),华东师范大学出版社2019年版,第416页。
② 梁启超:《梁启超论教育》,商务印书馆2017年版,第192页。

持个体,保存种族。私有财产发生以后,除了生物欲的目的外,还有以教育为阶级支配的工具之目的。原始公有时代,没有正式的文字,没有分工的制度,社会也没有阶级性,教育与劳动是一致的,凡成年都是教师,凡儿童都是学生"①。人类社会的发展也是伴随着生存、劳动、教育、学习等过程,特别是生存技能的获取也是通过学习前人经验的基础上获得的,是在通过教育慢慢积累起来的。"私有财产制度发生以后,文字也发明了,分工制度也有了,统治阶级也发生了,于是教育与劳动从此分家,教育的意义也就变更了。此时能够收教育的只限于少数人,教育权操在更少数人的手中——统治阶级的手中。私有制度时代,又分封建与资本主义两个阶段。在封建之否,统治者以培养忠顺的治术人才为宗旨,所以特别注意与道德的训练"②。

中国古代教育思想博大精深,特别是以儒家学说创立以来,古代教育思想一直影响至今。《论语·述而》中的"不愤不启,不悱不发,举一隅不以三隅反,则不复也",形象地描述了课堂教学场景中学生应要达到"愤悱"的状态,教师方能"启发"进行呼应,并进行"举一反三"的思维启发图景,这是对教学辩证互动交流关系的生动描述。这是古代教育思想在教育反思中获得的真谛。《论语》是儒家学派经典著作之一,通过对教育理念的系统性阐发——"学而时习之,不亦说乎""温故而知新,可以为师矣""学而不思则罔,思而不学则殆",将教育理念贯穿于中国古代教育思想和教育实践之中。

在中国传统教育思想中,《中庸》中的教育思想可谓弘扬儒家教育思想的精华,为古代文化传承、教育发展提供了最基本的认识。在《中庸·第二十章》中强调:"博学之,审问之,慎思之,明辨之,笃行之。有弗学,学之弗能,弗措也。有弗问,问之弗知,弗措也。有弗思,思之弗得,弗措也。有弗辨,辨之弗名,弗措也。有弗行,行之弗笃,弗措也。人一能之,己百之;人十能之,己千之。果能此道也,虽愚必明,虽柔必强。"中国古代儒家教育思想集中反映了中国传统教育的精神,无论是书本知识学习还是技能的学习,都要经过反复的训练才能达到目的。在教育学习中因人而异,学习过程就是教育过程,需要不断通过实践才能达到应有的目的。

"在物质层面,农村教育物化为各种类型的教育场所与教育设施。首先是

---

① 陈青之:《中国教育史》上,福建教育出版社2009年版,第2页。
② 陈青之:《中国教育史》上,福建教育出版社2009年版,第2页。

学堂农村私塾、社学、义学的教育场所。其次是祠堂,宗族活动之地,亦是在家族的范畴中对后代进行传统教育的场所。再次是庙堂,利用佛教或道教,甚至是封建迷信或民俗传说传播特殊的文化"[1]。古代教育思想与时代性社会演变具有同向同行的发展脉络。特别是中国进入封建社会晚期,中西方实力的差距已经使得封建王朝遭受到前所未有的西方列强的欺辱和压迫。在此情境之下,一批有识之士纷纷倡导"中学为体,西学为用"的思想,为近代教育思想的转圜提供了新的视野。如张之洞在《劝学篇·内篇·循序第七》中指出:"今欲强中国,存中学,则不得不讲西学。然不先以中学固其根柢,端其识趣,则强者为乱首,弱者为人奴,其祸更烈于不通西学者矣。……如中士而不通中学,此犹不知其姓之人,无辔之骑,无柂之舟。其西学愈深,其疾视中国亦愈甚。虽有博物多能之士,国家亦安得而用之哉!"将教育和学习的视线由国内转向国外,并提出向西方学习的主张,这为教育融合发展提供了契机。

近代以来,特别是鸦片战争后的封建王朝统治遭受到严重冲击,为一大批"睁眼看世界"的国人提供了必要的社会基础。"中国教育作为世界教育的重要组成部分,对世界优秀的教育传统做出了卓越的贡献,但在教育现代化方面则起步较晚,1842年12月,魏源提出了'师夷长技以制夷'的口号,这是教育现代化思想的启蒙之声。1862年6月京师同文馆开学,标志着我国学校教育近现代化的开始。1872年,我国第一批赴美留学生詹天佑等30人乘船赴美,这是我国近代教育开放的重大举措。1902年清政府颁布'壬寅学制',开中国学校教育制度近现代化的先河。1919年,陶行知、郑宗海、胡适等人介绍杜威教育思想。同年5月,北京爆发了'五四'运动"[2]。自鸦片战争开始,经过七十余年的风雨洗礼,中国近代教育也终于迎来了变革的春天。"新文化运动"是20世纪初中国最早一批先进知识分子发起的反对封建主义的思想解放运动,其基本口号是拥护"德先生"(Democracy)和"赛先生"(Science),也就是提倡民主和科学,为教育的思想解放奠定了重要的群众基础。新文化运动提倡新道德、反对旧道德;提倡新文学,反对文言文。"五四运动"作为新民主主义革命的开端,直接推动中国无产阶级开始登上政治舞台,全面推动马克思主义在中国的传播,并凝结形成了"爱国、进步、民主、科学"的五四精神,对教育思想

---

[1] 陈敬朴:《华夏农业文明与华人教育理念》,载《教育研究》1999年第2期。
[2] 尹宗利:《试论中国教育现代化的基本特征》,载《南京师大学报(社会科学版)》2009年第6期。

的解放具有重大历史转折意义,影响深远。

  国外古代教育思想的形成与西方的文明形成同属一个历史时期。国外教育在经历了不同的发展阶段后,逐渐形成了具有自身特色的教育形态。"外国原始社会的教育度过了漫长的岁月,它经历了前氏族时期、母系氏族时期、父系氏族时期、军事民主制时期四个不同的阶段的教育"①。在不同历史阶段,国外教育思想与教育方式也呈现出发展迅速、延续性强的特征,这些特征往往与当时所处的时期的生产力水平、组织结构等密切联系。在原始社会中的教育与生存具有密切关联,教育的目的就是使人能够在该自然和社会状态下生存下去,教育的目的就是让人活下去。"原始社会的教育注重实际应用的知识和技能。学习这种知识技能的方法主要是通过参加实际生活引导儿童在应用中锻炼实际的本领"②。自从人类社会形成开始,教育就伴随着原始社会形态而不断发展。只有通过教育保存了人的生命个体,才能真正实现社会肌体的"新陈代谢",才能促进原始社会的向前发展。

  以历史纵轴为视角进行观察,经过原始社会人类社会进入奴隶制社会。与奴隶社会的统治相适应的教育也呈现出阶级社会的特征。"公元前3000年左右,东方的文明古国——埃及、巴比伦、亚述、印度,相继进入奴隶制社会。在这里出现了外国最早的奴隶社会的教育,这是人类第一个有阶级的社会的教育,它开始了阶级教育的历史"③。阶级社会中的受教育者往往是统治阶级的后代,这是与原始社会最大的不同。另外,教育的固定场所也在这一时期逐渐形成,这为教育的成规模发展提供了巨大帮助,为古代教育的传承提供了必要的场所。"公元前2500年的埃及宫廷学校可能是人类最初的学校。因为埃及考古发现的'纸草'文书,证明当时已有了学校教育"④。这为西方文明的发展提供了重要场所,学校教育为教育的大发展提供了重要的基础,自此开始,教育作为人类知识财富延续性的重要方式,通过学校教育充分展现出来了。

  随着古代西方人对教育的重视和理解,越来越多的人通过古希腊著名思想家的重要著述来理解教育的重大意义。教育促进了民主的实现、教育推动理论体系的建构、教育推动塑造了一大批教育的代表性人物。"古希腊丰富的

---

① 刘新科:《外国教育史》,武汉大学出版社2012年版,第2页。
② 刘新科:《外国教育史》,武汉大学出版社2012年版,第6页。
③ 刘新科:《外国教育史》,武汉大学出版社2012年版,第9页。
④ 刘新科:《外国教育史》,武汉大学出版社2012年版,第8页。

教育实践孕育了与之相适应的教育理论。特别是希波战争以后的雅典，政治的民主促进了学派的争鸣，促使许多学者提出了较为系统的教育思想。但这些思想都是一些学者在论述自己的哲学思想时提到的，还未从哲学理论体系中完全分化出来，没有成为独立的科学体系。其中有代表性的苏格拉底、柏拉图、亚里士多德等一批哲学家、思想家、教育家的教育思想，给人类留下了宝贵的教育遗产"[①]。由此可知，古代西方人的教育理念与教育思想生成于西方文化土壤之中，特别是在城邦制国家中的教育家的教育言行，深刻影响了西方文明的方向与进程。古代西方人在理解人与人、人与世界关系方面，也形成了对最原始教育的认识，并对教育思想演变和发展产生了巨大的影响。

三、三种文明形态中的教育

在世界历史中，农耕文明与游牧文明是冲突与融合并存的两种主要文明形态，这两种文明形态的矛盾冲突的最终结果，往往是游牧文明被农耕文明所同化和吸收，农耕文明成为最具传承性质的文明形态。农耕文明作为稳定的文明形态，在社会发展中发挥了极为重要的传承作用。在文明传承和社会发展中，教育扮演着不可缺少的角色，教育是推动社会进步的根本保障，教育是传承文化和文明的基本方式。因此，对教育在农耕文明中的作用应该具有清晰的认识，这也是为了解教育在文明传承中发挥作用的最重要的手段。

从人类发展的自然历史来看，为了使人类不被自然界所淘汰和毁灭，就必须让子孙后代具备在险恶的环境中生存和发展下来的能力。这种能力的传承主要是靠教育来说实现的，人类的"求生"本能也直接推动了"求知"本能，人类在"求知"中不断增加丰富的经验为教育积累了实践的经验。人类在总结经验的同时也在不断凝练经验，并形成可供学习的知识，这为教育的发展提供了最可靠的人类知识。人类在自我进化过程中，教育始终伴随其中，人类的教育从最早的教诲和培养便自然产生了。

从人类发展的社会历史来看，在同一时代往往存在不同的文明形态，农耕文明与游牧文明同属一个时代，农耕文明与海洋文明亦同属一个时代。在不同文明形态中所形成的文化传承也具有很大的差别。各种文明形态自身所具有的特点直接影响到教育样态和传承。

---

① 刘新科：《外国教育史》，武汉大学出版社2012年版，第24页。

农耕文明，是指以农业生产为主要方式，并根据农业生产形成的社会关系逐渐形成的制度、礼俗、文化、教育等集合体。农耕文明形成与江河流域，并在其附近定居形成的较为稳定的形式。农耕文明以人类聚集为主要表现形式，并在此基础上逐渐形成了"城"的概念和形态。农耕文明的发展以农业和手工业的发展为基石，以自给自足为特征，在人类历史上逐渐形成了固定的发展模式，并以知识和经验的传承为纽带，在这一过程中教育的作用愈发凸显出来。

游牧文明，是指以畜牧业为主要生产方式，并坚持以非固定生活住宿为主的游牧生活。游牧生产和生活往往处于变动之中，往往更加重视习俗和经验。游牧文明的发展主要以分散性为特征，但与农耕文明发生冲突时，往往由于武力强大等原因而占据优势。历史证明，游牧文明往往被农耕文明所吸收和融合，这是由于游牧文明与农耕文明相对比存在先天性不足，即文化传承及教育影响远远不及农耕文明。

海洋文明，是人类社会特别是城邦制社会形成后出现的文明样态。当人类技术不断发展，特别是航海技术的迅猛发展提供了经略海洋的条件。从历史时间轴来看，海洋文明主要产生于距今 500—600 年左右，其与农耕文明和游牧文明相比是最新的文明样态。从世界范围内来看，海洋文明主要是由地中海、大西洋沿岸的国家的航海事业的迅猛发展带来的。海洋文明与海洋贸易密切相关，是由海洋贸易的繁荣而逐渐衍生出来的有关海洋的风俗、教育、科学等在内的文明样态。

由于海洋文明的复杂性，特别是近代航海业大发展形成了特有的海洋精神文化。海洋文明与农耕文明相比较来看，海洋文明具有重商性、开放性、外向性，多元性和兼容性等特点。这也为海洋文明中教育的开放性奠定了基础，这种开放性直接影响到西方的教育事业。在西方城邦制对教育的理解与海洋文明的发展也密切相关。学校（School）一词，起源于古希腊语"Skhole"，其含义为休闲、闲暇。古希腊把学校称为闲暇的场所，一有闲暇的时间，他们就自然而然地想去思考和探寻万物之理①。这是西方文明中对教育场所最直观的理解，也是推动海洋文明发展的重要原因。对古希腊人来说，"闲暇和求知不可避免地联系在一起"②。因此，西方文明的发展催生了海洋文明的系统性，也

---

① 田友谊、姬冰澌：《人工智能时代未来学校的建设之道》，载《中国电化教育》2021 年第 6 期。
② ［美］依迪丝·汉密尔顿：《希腊精神》（第 2 版），葛海滨译，华夏出版社 2012 年版，第 23 页。

是教育发展系统性的结果。在这样的情形之下,将技术逐渐与科学打通,形成了以科学为指导的技术大发展时期。

西方科学技术的大发展与其教育传承和文化传统都密不可分,西方教育传承了"敢于挑战权威"的教育思想。我们以西方著名思想家、哲学家杰出代表为例进行探讨。西方教育不是局限于"一定之规",如苏格拉底开始从事教育活动的时候,希腊成文的典籍很少,只能通过对话、交谈、演讲传授知识,限制了教学的效果和教育水平。古希腊先辈先哲的著作都是私人著述而非官府之学,对后人只有启示、教益,而没有约束力。后代的学者拥有思想自由和另立新说的自由,以至于后来的柏拉图对苏格拉底、亚里士多德对柏拉图,都敢于超越自己的恩师,不以师道害真理,敢于独辟蹊径,另立新论,因此亚里士多德发出了"吾爱吾师,吾尤爱真理"的名言。这是西方教育的开放性和突破性最重要的代表。

以中国农耕文明来观照世界文明样态的发展进程,中国和西方国家在农耕文明产生的教育形态中具有非常明显的差别。林德宏、张相轮两位学者在研究"东方自然观与科学的发展"时指出,把中国农业文明作为逻辑起点进行研究:"对于古代文明而言,农耕和定居意味着一种生产方式和生活方式,这就是马克思所说的'亚细亚的'生产方式","农业定居生活联系着一种积淀型的文明"。在这样的东方农业文明形成过程中,逐渐形成了具有中国自身特点的教育传承形态,农耕文明所依赖的定居生活是进行教育传承的基础。

中国作为农耕文明的国家代表,形成了与农耕文明相联系,内容丰富的文化内容。"首先,由于农业劳动的艰巨性、协作性和自然灾害的严酷性,人们逐渐形成刚健自强、勤劳务实的精神品质和对自然的依存心理。其次,由于古代农业生产方式的经验性、重复性,形成人们重视经验积累善于从个体体验生发一般原则的特点。再次,由于人们社会生活的狭隘性容易形成人们自足、乐天、知命的心理……,由于农业自然经济不能摆脱对天地为代表的大自然的依赖性,人们总是把自己看作有生命自然的一部分"[①]。农耕文明中重视经验的传承是知识传授和教育发展的必要前提。在中国这一农耕文明国度中,人们在生活中的知识需要传承和延续,主要依靠的就是教育。无论是官办教育还

---

① 林德宏、张相轮:《东方的智慧——东方自然观与科学的发展》,江苏科技出版社1993年版,第81—82页。

是私塾教育都能够及时地将历史积累的经验和知识有效地传承下去。

中国作为历史文化没有中断的世界四大文明古国之一,教育的传承在农耕文明发展中发挥了极为重要的作用。在中国古代第一位教育家孔子之前,中国农耕文明已经积累了丰富的文化遗产和历史典籍,并形成了稳定的文化传统。虽然春秋时期教育下移,但是在民间仍然是以官学为主。这种官学以维持道统为基本追求,只能遵循道统而不能超越道统。所以,孔子有言,"述而不作,信而好古",这就是中国农耕文明传承的教育理念,其一生都在宣扬这一道统。无论是"六经注我",还是"我注六经",都无法跳出"六经"这一文化传承。这种相对稳定的文化传统成为一种历史负担,规范、制约着人们的思想和言行。在教育发展上,虽然使学习者有书可读、有典可依、有史可考,也能为提高教学水平提供保证,却扼杀了学习者的创造性和突破性。

农耕文明的教育与土地具有天然联系,农耕文明的形成与农业生产力发展水平紧密相关,在与中国传统农业相适应的教育领域,教育的方式亦是依赖农业为主。"在生产方式上,重经验。农业文明建立在人与自然关系的经验基础上,因而重视已有文化的正宗传授。这种传授包括正规的教育与非正规的教育"[①]。"由于土地畸形集中、生产力落后与人口众多而造成的人对土地的依赖,转化为封建的人身依附关系。但是所有的个体劳动者都有发展自由个性的内在追求,农民也不例外。对于不同的家庭,改变现实的目的也许各不相同,但采取的手段几乎一致——让孩子受教育。尽管这种教育的力量是有限的,但是中国农民把改变家庭状况的希望寄托于对子女的教育,却是一代比一代强烈。这一方面是因为农民摆脱社会地位低下的企望,'万般皆下品,唯有读书高';另一方面也因为封建科举制度提供了'学而优则仕'的机会"[②]。

封建社会是农耕文明呈现的社会形态,在封建社会中的等级制也为教育的发展提供了一定的条件,教育的发展更是封建社会自身发展的需要。封建社会秩序的遵循靠教育的传承,封建社会的纲常伦理靠教育的推动。"《尚书》载舜命契为司徒,敷五教,又命伯夷作秩宗,典礼,夔典乐,据此则管理教育文化事业,已有专官了。学校在王宫左右者曰上庠曰下庠,前者为大学,后者为小学,均为养老之地。夏代建学,仍沿旧制,仍重养老,而名称略易,国家叫做

---

① 陈敬朴:《华夏农业文明与华人教育理念》,载《教育研究》1999年第2期。
② 陈敬朴:《华夏农业文明与华人教育理念》,载《教育研究》1999年第2期。

学,大学为东序,在于国中,小学为西序,在于西郊,乡学叫做校。商代建学,国学叫做学,大学为右学在西郊,小学为左学在国中;乡学叫做序"①。因此,在中国古代的教育与封建社会的需要和发展紧密相关,也可以说是封建社会发展的必要条件。

中国作为农耕文明的代表,对于中国传统教育的发掘和认识,可以整体性呈现出教育在推动农耕文明发展的重要价值。由于"中国是一个建立在集中的农业经济基础上的复合文明体……对于剩余谷物的集中的再分配,决定了政治力量的集中"②。从奴隶社会向封建农业的转变过程中,文化教育也产生了极大的改变。"春秋战国时期,周王朝的瓦解不仅是一种政治经济的变化,而且也导致文化中心的迁移与文化学术的扩散,出现了'学在四夷'的教育局面,私学应运而生。无学没有派,无派没有学。其发展促进了百家争鸣,百花齐放。到了汉代,私学开始分化:一部分主要面向蒙童,成为'书馆';一部分面向青少年成人,成为'经馆'。到了唐代,政治、经济、文化的发展,促成了政府给政策、由地方自办的教育形式'乡学'。到了宋代,有'冬学',在元、明、清三代出现了'社学'"③。

这是以中国农耕文明为主体进行讨论的教育机构,这样的教育机构与生产力发展水平密切相关。"为了使农业生产稳定、使其生产与生活经验代代相传,则必然有相应的制度文化、观念文化、教育文化的'定型'。这就集中表现在文化传统的形成与发展上"④。在教育的演变过程中,教育的发展与社会的需要是紧密联系的,农耕文明中的教育主要是为封建社会服务的工具,并不能真正促进人的价值的自我实现。

"农村教育启蒙奠基于农村社会发展与农民生存发展的需要。它依托于几千年的农业文明,扎根于农民家庭、农村家族与乡村社区,自身有着内在的动力。在内容与形式上,教育启蒙一方面有着相当的稳定性,另一方面也随社会的变迁而变迁"⑤。无论是农耕文明还是游牧文明、抑或是海洋文明,三种文明的发展进步与教育的作用发挥是密不可分的。教育除了随着生产力发展而发展之外,还会满足统治阶级进行统治的需要。因此,教育的作用在推动社会

---

① 王凤喈:《中国教育史大纲 中国教育史》,湖南教育出版社2008年版,第22页。
② [美]托马斯·哈定等:《文化与进化》,韩建军、商戈令译,浙江人民出版社1987年版,第67页。
③ 陈敬朴:《华夏农业文明与华人教育理念》,载《教育研究》1999年第2期。
④ 陈敬朴:《华夏农业文明与华人教育理念》,载《教育研究》1999年第2期。
⑤ 陈敬朴:《华夏农业文明与华人教育理念》,载《教育研究》1999年第2期。

发展中必须与生产力发展水平相适应，必须满足统治阶级的统治需要，只有这样教育才会有较好的发展。

第二节　教育变革——工业时代学校教育的发展

一、工业文明与教育变革

在工业文明的深刻影响下，教育成为普遍的生活方式。工业文明所具有的优势，伴随着生产力的迅速发展得以充分展现，工业文明的发展是人类社会发展进步的缩影，其中，教育作为延续和推动工业文明前进的重要动力源泉发挥了关键作用，也成为推动人类从农业文明向工业文明迈进的重要保障。工业文明与农业文明的差异，集中表现为生产力水平高低与生活选择等方面。农业文明的形成主要以农耕文明和游牧文明为基础，以农耕种植和畜牧为主要生产方式；而工业文明的形成则是以手工业向机器大工业转变而形成的巨型工业系统，在工业化系统中，随着生产力水平的不断提升也出现了不同的阶段性。

工业文明是人类文明发展史的一个重要阶段，这一阶段直接推动人类社会生产力水平的急剧上升。有学者把它分为五个阶段：16世纪初到18世纪工业革命前，工业文明首先在西欧兴起；工业革命开始以后到19世纪末，人类真正进入工业社会，同时工业文明从西欧扩散到全球；20世纪上半期，工业文明全面到来，社会出现了巨大的震荡，也进行了调整和探索；二战后到20世纪70年代初，人类吸取了上一阶段的经验教训，工业文明顺利推进；20世纪70年代以来，工业文明深入发展。在这样的社会背景下，人类社会的发展也呈现出前所有未有的大发展、大繁荣。

从时间上来看，自18世纪中叶开始，人类社会就从农业文明向工业文明开始逐渐转变。在这样的转变过程中，资本主义与工业化交织渗透，并深刻影响到经济、政治、文化、思想、教育等各个领域，并引起社会组织与社会行为深刻变革的过程。工业文明以工业生产为主，特别是在使用工业能源和动力方面与农业依靠人力呈现出巨大变化。工业化生产首先是对蒸汽、煤炭等热能的利用，进而发展出电能、石油，随后又诞生了核能。在工业文明时代，人与人、人与社会、人与自然的关系都发生了重大转变，其中，教育的转变尤为明显,并由此也带来了更加深远的影响。

美国社会学家梅欧在《工业文明的社会问题》一书中明确指出:"人类社会可以分两个大的类型,一个是农业社会,这是一个定型的,也就是比较稳定的、变化不大的社会……还有一个就是工业社会,这是一个适应型的社会,也就是一个快速发展的、充满变化的社会。"[1]农业社会形成的是农业文明,农业文明作为人类社会的一个历史阶段发挥了巨大作用。农业是解决人类生存问题,亦可以成为"吃饭问题",因此,农业社会主要以人类生产生活均固定于特定土地上为表现形态。在农业社会里,人们的生存环境往往是固定不变的,从出生时就基本确定了一生的生命轨迹。农业社会中的每个人可以在父母的教育下与同伴一起生活游戏,这些同伴往往伴随其一生,在农业劳作中既是生活中的邻居,又是农业劳动的合作者,农业社会的个人生活圈层都是固定的,变化不大。父母的生活方式往往就决定了自己的生活方式,也成为未来生活的样貌。农业社会中人与人的交往也具有局限性,这与农业生产有关,生活的场景往往就是从小接触的事物,因此,固定性、稳定性是农业社会生活的重要特征。如要从农业社会身份进行转变的唯一方式就是接受教育,特别是自隋唐时期开始设置的科举制,切实改变了士族继承的惯例,而形成了从庶民中选拔优秀人才的先进教育制度,也成为农民可以跃升到士大夫阶层的关键教育制度。

与农业社会不同,在工业社会中人们的生活场景往往具有很大的变动性。"在农业社会,人们对社会的学习是向后看的,也就是从父辈和祖辈经验中,找到自己今后的生活方式;在工业社会是向眼前看的,注重的是了解现实,在现实中寻找自己生活的位置;而在后工业社会则是向前看的,人必须不断地面向未来,在面向未来的发展中把握自己生活的方式方向"[2]。工业化社会中,个人已经被资本逼迫离开土地,特别是发生工业革命最早的英国,"羊吃人"的圈地运动彻底改变了依赖土地生存的农业文明。这样的社会中,个体的生活经历与农业文明中父辈与子女直接的联系产生了巨大的改变。工业社会中由于个体的生产生活均脱离了土地,进而必须进入城市或城镇、进入工厂或作坊来谋求生活。每个人的生活都具有不确定性。"现代教育体系并不完全适应现代

---

[1] 费孝通、方李莉:《工业文明进程中的思考》,载《民族艺术》2000年第2期。
[2] 费孝通、方李莉:《工业文明进程中的思考》,载《民族艺术》2000年第2期。

社会。它是前一个时代的人为满足前一个世界的需要而创造出来的产物。在18世纪中期,沿着贯穿美国的铁路,人们推广一种旨在生产标准化'人才产品'的工业化教育体系。踏着那个时代的钟声,学生们需要从一个'学习站点'赶到另一个'学习站点',标准化考试则成了教育质量的保证,教育目的就是让这些年轻的头脑为满足社会需求而成为在工厂里听话的、干活的工人"[1]。工业社会中人们的生活与农业社会相比,更具有流动性和不确定性。每个人所遇到的问题都可能是农业社会中父母不曾遇到过的问题,而且在其一生之中,也不会固定在一个地方或一个行业中,同事和朋友也是由于工作关系经常更换。

在快速发展的工业社会中,个体的知识往往跟不上科学技术的发展。因此,必须用教育的方式不断丰富和武装个体的能力(包括智力和体力),从而更好地完成工业社会所面对的任务。因为,工业化带来的任务本身就是具有挑战性的。"父亲、母亲的经验不再能在自己的生活中发生效用,他们所经历的生活方式也不再是自己可以重复的模式。未来生活是不确定的、没有模式的、不可重复的,因此,每个人的生活都是带有前所未有的实验性的,都是可以有多种的可能性的"[2]。因此,教育在工业社会中发挥的作用越来越大,教育成为社会进步的关键推动力。工业社会的教育,本质上是一种工业文化的集中体现,是在工业化的发展过程中形成和发展起来的,工业化教育主要为工业化培养人才,并且在教育过程中始终贯彻工业文明的基本原则。"工业文明的基本原则:高度的标准化、专业化、集中化和同步化"[3]。这些工业文明的基本原则在教育实施过程中均被全面采用。

按照马克思主义基本观点,"经济基础决定上层建筑",工业化生产方式也决定着教育的实施方式。"工业劳动方式的特点转化为工业社会教育方式的特点"[4]。其中标准化作为工业文明的最突出的标志,在推动生产力发展中起到巨大的推动作用。工业社会的基石就是工业化生产,工业文化是人与机器相互作用在工业化生产中展现的文化形态。工业化文化的显著标志就是工业生产的标准化,因为只有标准化生产才能满足工业生产必需的工业材料或工

---

[1] [加]彼得·戴曼迪斯、史蒂芬·科特勒:《未来呼啸而来》,贾拥民译,北京联合出版公司2021年版,第165页。
[2] 费孝通、方李莉:《工业文明进程中的思考》,载《民族艺术》2000年第2期。
[3] 林宏德:《高科技与新的教育革命》,载《南京师大学报(社会科学版)》2000年第1期。
[4] 林宏德:《高科技与新的教育革命》,载《南京师大学报(社会科学版)》2000年第1期。

业产品的要求。为了取得巨大的经济效益,工业生产必须进行重复生产同一标准的产品。因此,统一的标准(刚性标准)成为工业产品质量和工业生产效益的根本保证。如何完成工业化统一标准的生产活动,必须具备大量经过统一培训,具有相同知识的人才资源才能达成工业化生产中的统一标准。工业文明直接推动了教育的变革,使得教育从少数人的事情变成绝大多数人必须完成的一项基本任务,如果没有工业化的推动,教育不可能有如此大的变革。

工业化社会中教育的目的是更好地提供使用机器大生产的丰富人才资源,与此同时,这种工业化教育的结果也成为推动劳动者能力和水平提高的产物。马克思、恩格斯在《德意志意识形态》中明确指出,"人们为了能够'创造历史',必须能够生活。但是为了生活,首先就需要吃喝住穿以及其他一些东西。因此第一个历史活动就是生产满足这些需要的资料,即生产物质生活本身,而且,这是人们从几千年前直到今天单是为了维持生活就必须每日每时从事的历史活动,是一切历史的基本条件"①。工业化教育从提高劳动者素质角度来看,完成了"自我价值的实现"。这种"自我价值实现"虽然不是真正人类解放意义上的价值实现,但是在维持人的生命延续方面,却真实反映出人的需要的满足过程。

"以创新为动力的现代社会来说,社会的发展是迅速的、日新月异的,这是一个适应性的社会,人们需要不断地去调整自己,去使自己适应它。但是,这样的社会也有其很困惑的一面,因为社会发展得太快了,人们的思想跟不上它,也就是说科学技术发展得太快了,人们要不断地去学习新的专业技术,避免被淘汰的危机"②。因此,工业化程度越高的社会,教育的要求也就越高。同时,教育存在异化的现象也就越明显,教育不仅是提高人自身素质最关键的途径,也成为推动工业文明不断前进的基础性条件。"马克思主义教育与生产劳动相结合的观点以辩证唯物主义和历史唯物主义为科学理论基础,指明了现代大工业生产和现代教育之间的内在联系,以此说明教育与生产劳动相结合的必然性。它是建立在现代机器大工业生产的基础上,对现代教育形态的预见"③。

---

① 马克思、恩格斯:《德意志意识形态》(节选本),人民出版社2018年版,第23页。
② 费孝通、方李莉:《工业文明进程中的思考》,载《民族艺术》2000年第2期。
③ 王牧华、李若一:《我国马克思主义教育学的百年探索与实践创新》,载《西南大学学报(社会科学版)》2021年第3期。

工业化带给教育的变革是明显的,带给工业的发展也是巨大的。"工业化时代产物的传统实体空间场所学习,主要是通过教室、图书馆、博物馆、剧场、戏院等来提供学习资源"①。工业化学习场景为学习者提供了丰富的学习资源,并为学习者设定了学习的内容。学习的主要内容的设定也是以完成工业化生产的要求为主要目标,而忽视作为人应该具有的学习体验及乐趣。因此,在马克思主义关于工业化问题,提出了鲜明的观点。"劳动为富人生产了奇迹般的东西,但是为工人生产了赤贫。劳动生产了宫殿,但是给工人生产了棚舍。劳动生产了美,但是使工人变成畸形。劳动用机器代替了手工劳动,但是使一部分工人回到野蛮的劳动,并使另一部分工人变成机器。劳动生产了智慧,但是给工人生产了愚钝和痴呆"②。劳动能力的发展也是由教育的效果呈现出来的,工业化社会的发展还是依靠工人的劳动来实现的,这种劳动是伴随着工业化教育而不断发展的。教育变革的根本就是要在工业化要求下实现自身的发展,而不仅仅局限于满足工业化的要求。"马克思主义认为教育与生产劳动相结合是人的全面发展的重要方式,对促进社会生产力持续发展具有重要的保障作用"③。

教育是人类的未来,也是人类社会发展中最重要的领域。人类社会从农业社会向工业社会转变中,教育产生了巨大变化。教育从"个别化"到"普及化"的过程就是工业社会所带来的巨大变化。"工业社会教育虽然是人类教育发展的一个必经阶段,虽然有其合理性,但也有其根本性的缺陷。对这种教育进行根本性改革,是迟早要发生的事。高科技的发展和推广,已开始从根本上改变了人类的劳动方式,从而使工业社会教育的弊端显得更加突出了"④。教育也会随着人类社会的发展产生新的变革,教育随着工业化的新发展也会呈现出新变化。

工业文明是教育发展的新空间,工业文明为教育发展提供的推动力,也会成为导致工业文明衰落的因素。教育所提供的更新知识为工业化转型提供了可能,教育过程就是使人类解放得以实现的过程,在这一过程中,教育作用的

---

① 朱旭东、刘丽莎:《论构建社会主义现代化强国所需要的高质量教育体系》,载《清华大学教育研究》2021年第1期。
② 《马克思恩格斯选集(第1卷)》,人民出版社2012年版,第53页。
③ 王牧华、李若一:《我国马克思主义教育学的百年探索与实践创新》,载《西南大学学报(社会科学版)》2021年第3期。
④ 林宏德:《高科技与新的教育革命》,载《南京师大学报(社会科学版)》2000年第1期。

发挥也成为可能。工业文明显著的标志就是社会变动,教育变革也是适应工业社会变动的规律的关键内容。

二、现代教育制度的发展

现代教育源于现代社会,而现代社会则诞生于工业文明较为发达的时期,因此,现代教育与工业文明具有必然的联系。工业文明作为资本主义社会在生产方式方面的缩影,代表了高水平的生产力发展阶段。现代教育是在工业文明不断发展的基础上逐渐形成了与之配套的现代教育制度。现代教育制度推动工业化进程,为工业化发展提供了源源不断的智力支持和人才保障。教育制度必须与经济社会发展水平相适应,社会的发展方向就是教育制度的发展方向,这在工业化社会尤为明显。工业社会发展进程中需要大量拥有知识和技能的人才,在这样的社会需求下,与之配套的教育制度也发生了明显的变化。

现代教育制度是以系统化的学校教育为主要载体,以培养工业社会需求的大量人才为目标指向。现代教育制度与工业化高等关联的过程中,对推动教育形态不断发展奠定了基础。现代教育制度主要是以现代化生产为基础,在教育过程中逐渐形成的机制、体制和组织架构的总称。现代教育制度是以教育现代化为目标,并在教育过程中逐渐形成的制度性规范。这一制度性规范直接推动教育内容与形式的进一步融合,并呈现出符合现代社会生产需要的方式,从更深层次反映出教育现代化所包含的内容。

从工业化社会形成、发展到发达的时间进程来看,世界各国工业化水平存在巨大的差别。以英国为例,世界工业化开端于英国,相伴随的是作为英国所在的欧洲,也成为世界工业化出现最早,并且成为水平最高的地区。随着欧洲工业化程度的不断提高,欧洲的现代教育制度在整个世界范围内也快速地发展起来。在一定时期内,欧洲也成为科学技术的中心,以及现代教育的中心。这是对工业化和现代教育制度相关联最强有力的佐证,可以这样说,工业化为现代教育提供了一切可能的条件。

中国经历了长达两千多年的封建社会,封建制度深刻影响了中国教育制度的变化,特别是在中国古代实行了一千三百多年的"科举制度",与西方"政教合一"形式的政治统治相比,这是社会的极大进步。科举制度成为影响中国教育制度的关键,教育主要以科举考试为目标。因此,在古代中国就形成了高度重视科举考试的教育制度,这种教育制度适合了当时选人用人的标准,在一定时期推动了社会发展,保证了社会稳定。但是,科举考试的内容却具有很强的封闭性。"科举考试的内容是儒家经典,这些经典本身就是先秦历史的记录评价(因此章学诚《文史通义》说'六经皆史'),科举考试中长期存在的'论'的体裁,就是以史论为主。因此科举考试不仅以文学取士,也是以史学取士。历史巨著《资治通鉴》的标题,就再明白不过地指出了'史'与'政'的关系。科举自动造成的一支有高度文史知识素养的文官队伍,为古代中国建构出一个相当先进完善的政府组织形式"①。古代教育制度主要以科举制度为主体,在教育革新方面却存在非常大的问题。"由于科举考试不许考生超越儒学范围,所以考试的内容因雷同化反而倒不重要了,考生既无'说什么'的自由,只好转入'怎么说'的形式追求,科举考试结果成了一种文学修辞技巧的考试,比赛谁能更娓娓动听地陈述同样的内容"②。中国古代教育制度虽然在维护国家稳定上发挥了特别重要的作用,但是在禁锢思想方面也呈现出非常大的问题。以唐、宋、明、清四个朝代的科举考试为例,可以看出中国古代教育的重视领域与现代教育的区别之处。"唐朝科举考试有秀才、明经、俊士、进士、明法(法律)、明字、明算(数学)等多种科目,考试内容有时务策、帖经、杂文等"③。"宋朝科举考试有进士、明经科目,考试内容有帖经、墨义和诗赋,王安石任参知政事后,取消诗赋、帖经、墨义,专以经义、论、策取士。明清科举改为考八股文"④。

中国古代教育的未来走向与科举制度过于重视等级差别有巨大关系。由于科举制度将权力、财富、地位与学识结合起来,这就造成了中国民族极端重视教育、刻苦勤奋读书的传统素质。"至于自然科学更不必说了,古代中国的一些实用工艺技术虽然比较发达,但几乎都出于地位底下的体力劳动者之手,被士大夫知识分子视为'奇技淫巧';这些实用技术由于不能与知识分子相结合,的确也只能停留在'奇技淫巧'的低层次上,不能上升到科学理论的高度,转化为大规模的社会生产力,像北宋苏颂、沈括,明朝徐光启这样的自然科学学者,在科举士人中只是极其偶然的例外"⑤。利玛窦等西方人把古代中国社会看作是"文凭社会",把秀才、举人、进士,直接译为学士、硕士、博士的学位名

---

① 金铮:《科举制度与中国文化》,上海人民出版社1990年版,第8页。
② 金铮:《科举制度与中国文化》,上海人民出版社1990年版,第7页。
③ 金铮:《科举制度与中国文化》,上海人民出版社1990年版,第51页,第53—58页。
④ 金铮:《科举制度与中国文化》,上海人民出版社1990年版,第115页,第184页。
⑤ 金铮:《科举制度与中国文化》,上海人民出版社1990年版,第10页。

称,认为中国社会等级是由人们受教育的程度来划分的,这种看法有一定道理①。所以,近代以来西方现代思想的冲击下,中国教育思想也随之发生了巨大的变化。特别是新文化运动以来,中国教育思想的演变非常迅速,为教育发展提供了最合适的契机。"从此,我国教育现代化正式拉开了帷幕。蔡元培、鲁迅、陶行知、杨贤江等人都对此做出了贡献,科学与民主是启动我国教育现代化的两个'车轮'。但是,由于战争、经济、文化等复杂因素的影响,教育现代化的蓬勃展开则是中华人民共和国诞生之后的事了。因此,时间上的后起性是我国教育现代化的重要特征之一"②。由此可以看出,中国的现代教育源于中国古代传统教育,发展于近代文化革新之中,成为教育发展的重要方向。

先进思想和文化的广泛传播,为现代教育的形成和发展提供了最重要的保障。"中国教育现代化在马列主义教育观,毛泽东、邓小平教育思想的指导下,将社会与个人、目的与过程、科学与人文、学科与活动、教师与学生、智力与非智力因素等,辩证地统一起来,沿着提高中华民族素质,发展社会生产力,提高我国综合国力的正确方向,将我国的教育现代化实践不断地推向深入"③。这成为中国现代教育的肇端,也为进一步发展教育提供了重要的积累。特别是在先进思想的指引下,对资本主义工业化及其对教育的影响也有了更深刻的认识。"工业社会由于大工业机器生产要求工人有一定科学文化知识普及义务教育的思想得以形成为国家的法律和制度"④。"这种贯彻工业文明原则的教育,既培养了许多人才,也扼杀了不少人才,因为这种教育在很多方面同人才成长的规律相悖"⑤。在马克思主义理论的指引下,我国对资本主义工业化也进行了反思,并对与之配套的教育进行了回顾。通过反思和回顾,对工业化中的教育问题也形成了基本的观点和认识。教育现代化基于工业现代化基础上,教育发展建立于经济社会的变革之中;工业化的迅速发展也得益于教育方式和手段的不断革新。在这一过程中,社会生产力发展的重要标志——工业化为教育的发展提供了物质基础,同时也会导致教育必须以

---

① 金铮:《科举制度与中国文化》,上海人民出版社1990年版,第8—9页。
② 尹宗利:《试论中国教育现代化的基本特征》,载《南京师大学报(社会科学版)》2009年第6期。
③ 尹宗利:《试论中国教育现代化的基本特征》,载《南京师大学报(社会科学版)》2009年第6期。
④ 顾明远:《关于教育现代化的几个问题》,载《中国教育学刊》1997年第3期。
⑤ 林宏德:《高科技与新的教育革命》,载《南京师大学报(社会科学版)》2000年第1期。

工业化发展为方向,从而教育也会失去本身"塑造人""成就人""解放人"的重要作用,反而成为推动"人的异化"的重要力量。这是对工业化与教育悖论关系的认识,也成为教育发展中非常难以逾越的鸿沟。此种状况下,更多人希望现代教育能够不断推动技术变革,从而从技术角度出发再影响到教育变革和发展。

按照生产力发展水平和生产关系变化为依据,可以将社会发展的不同形态划分为农业社会、工业社会及信息社会。教育制度也随着不同社会形态的变化而产生不同的变化,回顾人类教育史的发展过程可以发现,工业社会成为推动现代教育发展的根本条件,为教育过程和教育关系提供了可复制可推广的生动场景,也为教育的大发展提供了可能。农业社会与工业社会相对比,由于农业生产往往限定于固定的土地上,生产结构相对稳定,以血缘为纽带、以家族传授为主要延续方式。因此,农业社会的教育不能形成规模化和系统化的教育体系,这亦是与农业社会的发展水平密切相关。从两个不同社会形态的区别来看,工业社会是现代教育形成、发展和成熟的重要时期,生产的规模化推动教育的规模化,从而形成了符合工业发展的现代学校,这也为教育的发展提供了根本性的基础。通过以下表格可以看出,农业社会和工业社会在教育制度的形态和特征中具有重要影响。

表1-1 教育制度的形态和特征

社会发展阶段	农业社会	工业社会	信息社会
特征产业	农业、畜牧业	工业	电子信息产业
社会要求达到的目标	结构稳定和谐	生产的高效率	知识创新和可持续发展
对社会个体的要求	道德品质	生产技能	综合素质
教育制度模式	道德教育	技能教育	素质教育
社会个体间主要关系	血缘关系	生产关系	信息网络
获取知识的主要方式	家族传授	学校学习	社会获取
主要影响因素	家庭	学校	社会

资料来源:李永强:《社会发展中教育制度变化探索》,载《长沙铁道学院学报(社会科学版)》2005年第1期,第45页。

三、学校教育的演化发展

农业社会的教育为工业社会教育的发展提供了基础性条件,农业社会中的教育更多以独立性和分散性为特点。在中国古代,学校被称为庠、序、学、校、塾等称谓,主要以科举考试为目标的教育培养模式。农业社会的学校教育主要以古代经典著作传承为学习的主要目标,而对应用型的知识往往不予重视。古代学校的规模往往较小,更多是以私塾等形式出现,为了满足较高阶层人士对子女教育的需求而出现的教育场所。

随着人类社会生产力发展水平的不断提升,工业文明的力量逐渐显现出来,特别是工业文明对人才的需求呈现明显的变化。工业社会需要的人才是具有统一标准和能力的人才,这样的需求带来了适应工业化发展的学校教育的迅速发展。与此同时,工业社会也逐渐形成了学校教育的普遍观念,学校教育就是必须进行集中教学方式。"从农业文明到工业文明,教育只是社会变迁的'因变量';而从工业文明迈向知识文明,教育已经取得社会变革的'自变量'的地位。因此,教育的理念便成为识别一个国家、一个民族,乃至一个家庭、一个人发展可能性的基本标准"[①]。工业社会集中教育的教学内容集中表现为同步化特征,适龄人口基本上在相同年龄时上小学、中学和大学,同龄学生往往根据教育主管部门的要求同时进校,同时考试,同时毕业。具体到细节的安排,往往也是以统一的标准进行要求,学校教育规定了统一的起床时间、就餐时间、上课时间、休息时间、放假时间等。学校制定的各种纪律都是为了严格遵循学校教育同步性原则的要求,在工业化社会中教育的同步性被认为是天经地义的事。

学校教育是工业化相适应的教育形态。随着工业化的迅猛发展对人才数量和质量的需求呈现出规模化的新变化,因此,在工业化进程中教育也呈现出了新的变化。学校教育的主要形式往往以班级为主要的教学形式,这一教学形式的理念主要来自捷克教育家夸美纽斯,他在《大教学论》中最早从理论上对班级授课制进行了系统阐述,并为班级授课制的发展奠定了强大的理论基础。这样的教育理念为学校教育提供了基本的教育模式,并逐步演变成现代主流的学校教育模式。

工业社会中的学校教育给劳动专业化带来了知识、文化的专业化,工业社会中学科分得越来越细,专业教育成为教育的主要表现形式,学校教育为工业社会培养了大批的专业人才。学校教育最大的优势就是可以大大提升教学效

---

① 陈敬朴:《华夏农业文明与华人教育理念》,载《教育研究》1999年第2期。

率,并为工业革命培养了大量急需的人才。夸美纽斯的班级课堂教学制度是近现代学校中的基本教学制度,使人才培养方式同社会工业生产方式相适应①。工业化社会带来的教育发展也逐渐形成了教育特征,"第一,受教育者的广泛性与平等性,至少在理论上、法律上是这样。第二,学校教育的制度化、体系化建立起各级各类教育体系。第三,教育的生产性教育与生产劳动相结合是现代教育的普遍特征。第四,教育内容的科学性学校增加了科学教育的内容"②。

杜威指出,"学校主要是一种社会组织。教育是一种社会过程,因此,学校是社会生活的一种形式"③。工业社会中的学校教育按照社会组织的方式进行设置,主要通过统一教学计划、统一教材、统一考试来达到统一标准;教师按照相同标准课件进行授课,按照相同实验标准进行教学,同时,教师也会按标准答案和统一标准进行阅卷。这样的结果就逐渐形成了学校教育的统一化标准,培养的人才以成为统一标准模型下的"特殊产品"。标准化的教育方式在满足工业化进程中逐渐出现弊端,主要表现为"标准化、专业化、集中化、同步化,实际上都是对人的限制"④。鉴于此,有必要对学校教育的统一化形式进行系统性反思,只有这样才能让受教育者的真正需求得到满足。

学校教育的发展与教育理念的改变密切相关,特别是随着教育技术的迅猛发展,教育理念及教育方式也呈现出新的变化。适应培养工业社会人才需要的教育方式也迎来了变革的呼声。"近年来,这种以班级为单位形成的学校物理空间布局的诸多弊端开始显现出来。为了能够适应信息化时代学生培养的要求,学校教育工作者也开始积极尝试改变学校物理空间格局"⑤。以学校教育为单位的统一教育适合统一的教育要求,但是对于个性化教育需要的满足却远远达不到理想的效果,因此,十分有必要对学校教育中存在的弊端予以及时纠正。"杜威儿童中心课堂教学思想突破了原来班级集体授课制度,开启

---

① 任祥华、柳士彬:《人工智能时代教学以何存在》,载《中国电化教育》2021年第5期。
② 顾明远:《关于教育现代化的几个问题》,载《中国教育学刊》1997年第3期。
③ [美]约翰·杜威:《我的教育信条——杜威论教育》,彭正梅译,上海人民出版社2017年版,第3页。
④ 林宏德:《高科技与新的教育革命》,载《南京师大学报(社会科学版)》2000年第1期。
⑤ 李洪修:《人工智能背景下学校教育现代化的可能与实现》,载《社会科学战线》2020年第1期。

课堂教学范式的转向,经验课程、设计教学、情景教学成为课堂教学的重要内容"①。这也为教育变革提供了重要的实践场域。

工业时代学校教育总体上是以满足工业化需要而建立的教育系统,为了更好地满足工业社会对人才的需求而出现的教育形式。这种教育方式的积极性主要表现为能够大量培养符合工业社会需求的人才,特别是工业社会需要的技术人才。这样的教育方式对人才培养,特别是对个性化人才培养,往往会带来负面影响。学校教育本身就是一种动态变化的过程,就像教育改革或教育革命相同,为了适应工业社会新的变化就必须要将新的教育理念融入教育的全过程,并给教育带来前所未有的彻底性改变。这种改变就是教育演化的过程,也是教育演化必然的趋势。

学校教育是工业时代的产物,同时也是教育发展中必然的过程。受教育者提升素质的关键环节就是学校教育,这为学校教育在工业化社会的发展提供了坚实的基础。学校教育在发挥出全部积极作用前不会从根本上消失。工业时代教育过程中逐渐融入新的教育技术,并带来相应的教育理念,这为学校教育提供了前进的动力,学校教育也必然在新的教育理念的支持下不断革新。学校教育的发展也必然带来新的变革,就是以信息技术为代表的教育技术融入教育过程。

第三节　教育蝶变——信息时代人工智能教育的飞跃

一、科学技术影响下的教育变革

科学技术是推动教育变革的关键力量,科学技术不仅提供了崭新的教学手段,而且使现行的教育方式发生深刻变化。"一部人类文明史,就是教育和科学相互激励、相互促进的历史。纵观工业革命以来的人类社会发展历程,时代变迁总是伴随着重大产业变革和经济社会的跨越式发展,而主导时代变迁的源泉则是科技进步"②。科学技术作为工业革命以来的重大标志,对教育领

---

① 任祥华、柳士彬:《人工智能时代教学以何存在》,载《中国电化教育》2021年第5期。
② 关成华、陈超凡、安欣:《智能时代的教育创新趋势与未来教育启示》,载《中国电化教育》2021年第7期。

域的影响也越来越大。科学技术的发展源于教育发展,反之,教育的发展同样受到科学技术的深远影响。科学技术的重大发展给教育领域带来了重要的发展契机,以教育中计算工具为例可以明显感受到科技发展带来的变化。算盘的广泛使用距今已有2600多年的历史,作为计算使用的工具在很长的历史时期发挥了重要的作用,特别是作为教育中重要的工具发挥了特别重要的作用。随着科学技术的发展,20世纪以来,计算器(最初使用时的名称为"计算机",也可以作为计算机的雏形)的广泛使用大大改善了算盘在计算领域中的局限性。将最新科学技术应用于计算器上后,数值计算、函数技术等都非常便捷地获得正确答案。科学技术为教育发展提供了崭新的空间,为推动教育发展提供了新的可能。

教育的发展依赖科技进步,科学技术为教育的发展提供的便捷性和舒适性越来越突出。特别是现代教育技术的广泛应用,彻底改变了原有的教育方式。以最为普遍的课堂教学方式来看,黑板作为最重要的教学工具,在现代教育技术的介入下已经呈现出使用率大大下降的趋势。随着科学技术在教育领域中的广泛应用,先后出现了手写投影仪(将教学内容事先手写在透明片上,教学时进行投影使用)和电子投影仪(电子计算机连接的投影设备,通过电子计算机可以操作和修改教学内容)等设备。随着科学技术的迅猛发展,教育技术及教育设备也呈现出丰富多样的特征。现在建设的智慧教室中电子白板已经成为最基本的教学标配,各种便捷性的教育设备越来越成为普遍的教育工具。先进教育设备广泛使用的结果往往以教育进步为重要结果。

近年来,科学技术的迅猛发展为教育现代化提供了崭新的学习环境,以深度学习、人工神经网络等人工智能技术为标志,科学技术驱动着教育由"互联网+"进入"人工智能+"时代的发展。当前社会生活的数字化已经直接影响到教育领域中所采取的教育方式,"我们生活在一个数字时代,学生们面对的是数字化的未来,机器人、软件、人工智能驱动的机器等将逐渐吞噬当下的许多人力工作。应用基本事实的常规工作需求将越来越少,所以教育必须跟上变化的步伐"①。在教育迎接挑战时,必须关注到科学技术带给受教育者的直

---

① [美]约瑟夫·E.奥恩:《教育的未来:人工智能时代的教育变革》,李海燕、王秦辉译,机械工业出版社2018年版,第13页。

接影响,"人工智能等新一代信息技术是实现教育生态重塑的有效手段,也是实现全球教育改革与发展共同目标、保障教育均衡和质量的最有效工具,走向智慧教育是技术重塑未来教育的最终目标"①。科学技术为教育变革提供了一切可能性,也为教育的发展提供了技术支撑。伴随着人类社会生产力的不断发展,教育形态与教育制度也呈现出新的变化。人类社会从工业文明进入信息文明是人类社会发展的总趋势,更是科学技术发展的必然。

二、信息技术深刻改变着教育发展路向

信息技术是信息社会的基础,信息技术的迅猛发展已经为社会转型提供了强大的保障。人类社会在信息技术支撑下已经快速进入信息社会,社会主体直接联系以信息为纽带产生了更为广泛的联系,其中教育的改变也在这一进程中呈现出积极的变化,这种变化主要是适应教育的发展而出现的。当今社会的信息化特征十分明显,主要以数字化、信息化、智能化等为信息社会的显著标志,并在此基础上,现代教育形态也呈现出新的表现样态。20 世纪末期,顾明远就指出:"信息社会的基本特征可以概括为:第一,信息化;第二,智能化;第三,国际化;第四,未来化。"②这一概括为信息社会的教育发展提供了前瞻性思考。经过二十多年的技术迭代,信息技术已经成为社会生活的必需手段,信息社会在技术高度发展中也扑面而来。教育的发展中融合了信息技术的优势,为教育制度的发展提供了重要的基础。

当前,教育现代化的实现主要依托教育信息化,"没有信息化就没有现代化,教育信息化是教育现代化的基本内涵和显著特征。近年来以互联网为基础的大数据、第五代移动通信技术(5G)、云计算、人工智能技术迅猛发展,它们正以不可阻挡的势头变革着社会文化、经济形态、生活方式"③。信息社会呈现出的新变化为教育发展路向提供了可能,这种发展路向往往是以教育信息化为发展前提。"信息——为我们的数字机器提供动力的'一'和'零'——正被证明是一股推动变革的巨大力量。的确,由于数字力量增强了我们的脑力劳动能力,它可能是自远古人类第一次学会生火以来最更

---

① 关成华、陈超凡、安欣:《智能时代的教育创新趋势与未来教育启示》,载《中国电化教育》2021 年第 7 期。
② 顾明远:《关于教育现代化的几个问题》,载《中国教育学刊》1997 年第 3 期。
③ 杨文杰、张珏:《以教育现代化支撑与驱动国家现代化——兼论我国教育现代化的发展愿景》,载《教育发展研究》2021 年第 3 期。

具变革性的力量。"[1]信息技术不仅能够推动教育技术的革新,更是对教育自身的发展提供了关键性作用。

信息技术在教育领域的普遍应用为教育方式提供了多种可行性方案。教师可以通过互联网等先进技术在家授课,学生也可以截止互联网等信息技术实现居家学习,特别是在疫情影响下,这样的教育过程及学习过程成为必须采取的方式。特殊时期采取的网络教学方式正是基于信息技术的普及而实现的,网络终端学习或网络软件交流的基础就是信息社会中家庭普遍都使用的网络终端的普及。如果没有大量的网络终端的普及和网络信息服务的运用,也就不会出现教育方式的大变革。在特定环境下,课堂教学往往由于物理空间的隔断而呈现出新的教学样态。在信息技术的支撑下,虚拟技术也越来越成为教育所采用的重要方式,学生做实验可以不必集中在实验室集体进行,甚至参观考察也不必进行集体行动,而是通过信息技术支持的虚拟实践来完成。信息技术采用前进行集中教学活动,都可以采用分散式教学方式进行,只要学生手中网络信息终端设备就可以随时随地地连接网络实现参与式学习。

美国社会预测学家约翰·奈斯比特将信息社会归结为以下特点:"第一,信息是经济社会的驱动;第二,信息和知识在经济增长因素中起着举足轻重的作用;第三,人们的时间和生活观念总是倾向未来;第四,人与人相互交往的增多使竞争和对抗成为人们相互作用的主要表现形式,等等。"[2]信息社会的特点集中反映信息在社会中的突出表现,信息能够为经济社会的发展提供重要的动力支持,也能够为人与人之间的关系提供新的联系。这种新联系在信息社会中往往采用在线网络间的联系来取代面对面的直接联系。信息技术的广泛应用已经能够深刻改变教育原有的传统模式,并打破和重构了传统教育的治理结构,信息技术为教育发展实现扁平化和个性化提供了强大的技术支持。通过信息终端设备可以将人与人、人与教育终端设备进行有效连接的可能,实现每个受教育者能够通过信息技术直接连接教育资源,从而形成开放型的网络教育体系。在这种连接中,不断增强教育系统中各个环节之间的连接性,从而有效地推动教育更加适应网络信息社会的变革路向。

---

[1] [美]约瑟夫·E.奥恩:《教育的未来:人工智能时代的教育变革》,李海燕、王秦辉译,机械工业出版社2018年版,第6页。
[2] 顾明远:《关于教育现代化的几个问题》,载《中国教育学刊》1997年第3期。

三、人工智能技术催生教育蝶变

人工智能技术与教育的融合发展为教育蝶变提供了重要的技术前提。教育技术的革新为教育实践和教育发展注入了强大动力,并为教育形态的根本转变提供了物质条件。人工智能"有可能成为新的革命的起点,这一特征极大地改变着教育生态"①,人工智能技术作为教育技术发展的最新形态,为教育的智能化、网络化、便捷性、针对性提供了前所未有的技术支撑,也为传统教育转向现代教育提供了技术条件。人工智能技术在教育领域中的应用的前提是计算机技术的广泛应用,计算机技术的迅猛发展成为引领科技革命的关键一环。按照技术发展的路径可以看出,离开计算机技术,人工智能技术不复存在,同样离开人工智能技术,教育也不可能有根本性变革。

人工智能技术为教育的发展提供了教育实践的基础,并为教育革新提供了坚实的技术支撑,教育实践中教育技术的革新起到了关键的作用。人工智能技术已经深刻影响到教育发展进程,并引起了新的教育革命。教育中不仅有教育者直接的教育过程,并实现了教育从个性化发展的重要转变。从传统的课堂教育模式转变为网络直播教学、网络教育资源共享、网络个性定制等新的教育形式。"群体化教学也将逐渐转变为个性化教学。每个学生的学习都是按照自己拟定的计划进行的。学生可以自由选择教师,同一门课也可以听几位教师讲授,可以同教师自由对话"②。

"人工智能的出现极大地变革了传统教学模式,教学模式走向智能化,通过利用大数据、人工智能技术构建基于大数据的智能化教学平台,极大地推动了教学模式的创新和变革:教育资源更加丰富,教学方法更加多元,教育服务更加精准"③。在人工智能技术的参与下,传统的教育由封闭到开放,由统一到个性,由讲授为主到自学为主,由集中授课到分散学习,由同步授课到错时授课,由固定课堂到选择课程等。这种根本性变化彻底改变了教育样态,并为教育蝶变提供了现实基础。

"近年来,人工智能技术也逐渐开始广泛地运用到教育领域。许多学校已

---

① 宋灵青、许林:《"AI"时代未来教师专业发展途径探究》,载《中国电化教育》2018 年第 7 期。
② 林宏德:《高科技与新的教育革命》,载《南京师大学报(社会科学版)》2000 年第 1 期。
③ 徐晔:《从"人工智能教育"走向"教育人工智能"的路径探究》,载《中国电化教育》2018 年第 12 期。

经开始利用人工智能技术,组织、实施高质量、高效率的教育教学活动(包括管理),如运用图像处理、语音识别、自然语言处理、增强现实等技术,这为推动学校教育现代化,提高人才培养质量提供了便利条件"①。人工智能技术在教育领域的广泛应用极大地改变着教育的发展,人工智能为教育发展提供了全方位的支持,教育中的设计、模型、管理、制度等都成为人工智能参与的重要领域,同时也为受教育者提供个性化服务、为教育者提供精准教学服务、为教育管理者提供科学化的管理策略。

"随着5G、大数据、区块链、教育机器人、虚拟现实和人工智能等新一代新技术的迅猛发展,技术变革教育的价值和作用日益凸显,教育作为前沿技术的重要实践领域备受瞩目,科技与教育双向赋能正在成为人类教育发展史上的新命题"②。人工智能技术作为新一代技术的代表,集中反映了教育在新技术推动下的发展和壮大。通过对人工智能的广泛应用,可以极大地提高教育的效率及针对性,为人工智能变革教育提供前提。人工智能融入教育就是通过两者的深度融合,促进人工智能在增强人类智能方面的作用,人与智能设备的关系问题将会成为未来社会发展中最为重要的关系。人工智能设备的广泛应用最根本上就是以推动人的全面发展为根本目的。

教育的发展与工业化进程紧密相关,当人类社会迅速进入人工智能时代后,教育领域也出现了巨大的变化。按照工业发展的不同阶段来看,人类社会的工业化进程经历了四个不同阶段,"工业1.0是蒸汽机时代,工业2.0是电气化时代,工业3.0是信息化时代,工业4.0则是利用信息化技术促进产业变革的时代,也就是智能化时代"③。无论是工业化的第三阶段还是第四阶段,都是以信息技术的发展为根本前提,信息技术的广泛应用也催生了大数据的形成,并为人工智能的发展提供了数据支撑,更为智能化教育的发展提供了坚实的基础。智能化时代的教育形式主要是以学习资源的数字化为基础,学习方式也呈现出无时空限制的特征,从而彻底实现了教育的开放性,也使教育资源共享的全民化、终身化得以全民实现。这样的人工智能与教育的联系之中,人工智能技术彻底改变了教育就是学校的局限,从而对教育产生了根本性的影响。

---

① 李洪修:《人工智能背景下学校教育现代化的可能与实现》,载《社会科学战线》2020年第1期。
② 黄荣怀、王运武、焦艳丽:《面向智能时代的教育变革——关于科技与教育双向赋能的命题》,载《中国电化教育》2021年第7期。
③ 李松涛:《李克强访欧提"工业4.0",对中国正当其时》,载《中国青年报》2014年10月14日,第5版。

2017年,我国印发的《新一代人工智能发展规划》,指出"发展智能教育,利用智能技术加快推动人才培养模式、教学方法改革"①这是国家层面上对人工智能推动教育发展提供的根本性指导,也为我国教育的未来发展指明了方向。人工智能推进教育变革不仅是我国教育领域的工作,世界各国在人工智能技术广泛应用的背景下也给予充分的关注。世界各国在关于人工智能和教育之间的关系问题达成了一致的行动计划——《北京共识》。《北京共识》提出,"通过人工智能与教育的系统融合,全面创新教育、教学和学习方式,并利用人工智能加快建设开放灵活的教育体系,确保全民享有公平、适合每个人且优质的终身学习机会,从而推动可持续发展目标和人类命运共同体的实现"②。这是世界各国对人工智能与教育的关系问题存在普遍观点,为教育的新发展达成了一致意见,就是将人工智能技术公平合理地应用于教育领域,并降低由于人工智能技术的广泛应用而导致的教育鸿沟的出现。

人工智能技术对于教育发展起到了巨大的推动作用,并给教育形态和教育方式带来了根本性的蜕变。这种教育方式的蜕变结果就是新型的现代教育成为教育的主流。"随着智能识别、机器学习、深度学习等人工智能技术的不断发展,人工智能的教育应用越来越广泛。智能技术给教育教学提供了极大便利,为未来教育的发展提供了机遇,但也给传统教育带来了巨大的挑战"③。面对教育方式的蜕变,必须用积极的态度来应对新的风险和挑战,从而更好地让教育在人工智能时代更加符合人的本质需要,更好地满足人对教育的需求。

---

① 《国务院关于印发新一代人工智能发展规划的通知》,中华人民共和国中央人民政府网站,http://www.gov.cn/zhengce/content/2017-07/20/content_5211996.htm.
② 《北京共识——人工智能与教育》,中华人民共和国教育部网站,2019年8月28日,http://www.moe.gov.cn/jyb_xwfb/gzdt_gzdt/s5987/201908/t20190828_396185.html.
③ 于家杰、刘伟、毛迎新:《人工智能时代教师存在的价值》,载《现代教育技术》2020年第7期。

第二章　人工智能推动教育现代化发展的价值及基本问题

第一节　教育是人类智慧的延续和发展

一、教育是人类文明发展的前提条件

人类文明发展的前提条件是教育。人类认识世界的关键是基于人类知识的积累和传承,教育是人类知识积累和传承最重要的方式。人类社会从低级向高级发展的动力就是依靠教育丰富的知识积累,从而将人与动物彻底区别开来,人类拥有了连绵不绝的教育,才真正实现了人类社会的大发展,人类文明的发展也就有了更为坚实的基础。教育使人类有了更为一致性的行动,也为人自身的发展提供了一切可能。

教育的根本目的是"成为人",而教育的直接目标则是培养适应社会发展需要的"社会人"。根本目的和直接目标是相辅相成的关系,"成为人"作为教育的根本目的始终关注人的自身发展状况,"社会人"则是教育最直接的目标,则是关注人如何适应社会发展的外部能力表现。马克思强调,"人的本质不是单个人所固有的抽象物,在其现实性上,它是一切社会关系的总和"[①]。教育就是使人能够适应社会需要,不断达成人与人之间联系的重要方式。人与人之间的联系是通过具体的社会实践形成的,其中教育则成为社会关系形成的助推剂。同时,教育也实现了人对自身本质的深刻反思和认识,从而为成为"社会人"的同时必须关注"成为人"这样的本质性哲学追问。

人的生活世界本身就是属于教育世界,教育作为人最重要的生活方式,已经与人的生命、生活紧紧联系在一起,也成为人生命中必然的组成部分。教育

---

① 《马克思恩格斯选集(第1卷)》,人民出版社2012年版,第135页。

最根本的目的就是为了实现人自身的不断完善,这种完善既有对知识的丰富,又有对自身身心健康的养成。离开教育人将无法正常交往,离开教育社会将无法持续向前发展,因此,教育是人类及人类社会发展的根本保障。通过教育活动可以使人不断实现自我完善和发展,在教育中人才能真正感受到自身价值,从而更好地感悟生活和享受生活,从而更好地为社会贡献自身的价值。

教育最根本的目的就是实现人的自身价值,人的自身价值的实现不仅仅是满足工作需要,而且也需要满足自身生活需要。教育不仅是谋生手段,也必将成为追求人生意义的重要方式。马克思指出,"为改变一般人的本性,使它获得一定劳动部门的技能和技巧,成为发达的和专门的劳动力,就要有一定的教育或训练"①。教育能够不断提升人的劳动能力和劳动素养,为劳动部门提供源源不断的劳动力,特别是工业化社会中,教育在提升劳动者能力方面表现的作用越来越突出。这也为教育作用的发挥提供了重要的领域。

教育对劳动能力的提升是社会发展的需要,但教育除了为社会提供大量的具备各种技能的劳动力资源外,教育还承担着培养人这一最为重要的社会功能。"教育在于人的培养,即把人培养成为符合社会行为规范的人。教育过程也就是将个体从生物意义上的人,培养成为社会意义上的人的过程。从这个意义上说,教育是引导人朝向社会,走向生活的阶梯,通过知识的传递,使人不断获得解放,跨越现状,充盈人性"②。教育作为人生必经阶段已经成为每一个有价值的生命不可或缺的关键环节,教育也就是成人的关键一环。具体到实际教育过程中,知识教育作为基础,能力教育才是根本,只有通过不断地增强人本身的能力水平才能真正实现教育的目的。"教育的过程是让受教育者在实践中自我练习、自我学习和成长,而实践的特性是自由游戏和不断尝试"③。

人类文明发展最重要的传承方式就是教育,在教育过程中将人类社会发展的成就以可复制、可学习的知识形态进行有效传递,并在此基础上不断生发出具有更高水平的认识和知识。在这样一个知识积累循环中,教育的作用也越来越具备基础性的表现。社会生产力水平的提升需要具备新知识广大劳动

---

① 马克思:《资本论(纪念版)(第1卷)》,中共中央马克思恩格斯列宁斯大林著作编译局编译,人民出版社2018年版,第200页。
② 陈燕霞:《教育:人的生活方式》,载《江苏教育研究》2009年第11期。
③ [德]卡尔·雅斯贝尔斯:《什么是教育》,邹进译,生活·读书·新知三联书店1991年版,第3—4页。

者,这种新知识的获得必须经过教育(无论是学校教育,还是家庭教育),这也为人类社会的发展提供了根本的知识基础。随着生产力水平的迅速发展,教育现代化也成为必然教育发展的必然追求。"现代工业生产的变革造成社会的不断变革,与之相适应教育也必须不断革新才能适应社会不断变革的需要"①。教育发展得益于生产力水平的提升,而人类社会的发展必须是以教育的发展为前提条件。只有这样,人类文明积累的丰富知识才能够有效传承下去,并推动人类社会的发展进步。

二、教育是文化上层建筑的核心内容

教育与文化具有十分密切的关系,"教科文卫"往往作为一个整体性概念在日常工作中广泛采用,教育、科学、文化、卫生等领域的密切相关性在此表述中得以充分展现。在人民日常生活中也会将"受教育"与"学文化"等同起来,这样来看,教育与文化的联系便更加紧密。教育的内容就是文化知识,更加宽泛的表述就是科学文化知识,因此,将教育作为文化传承和发展的最为重要的方式,是两者本质属性的充分体现。文化作为国家上层建筑发挥着极为重要的作用,教育亦能够充分展现文化所应该具有的上层建筑作用。"教育思想作为上层建筑的一部分是随着社会的变革而变革的"②。

教育的大发展与生产力水平的提升具有十分重要的关系,特别是随着工业革命的到来,资本主义机器大生产取代封建小作坊生产,并需要具有受教育、有文化的劳动力的客观要求。这样的生产力发展背景下,教育也不仅仅是少数人的专属,而成为越来越多普通劳动者的基本权利。特别是从20世纪60年代以来,伴随着科学技术的迅猛发展,社会生产不断变革,不仅要求每一名劳动者能够给通过受教育而获得更高的工作待遇,而且,也能够通过受教育真正提升自身的能力和水平,并为真正了解社会、关注自身等提供了一双"看见真实世界的眼睛",从而不再盲目地跟随规则制定者而行动。

教育问题既是成人的问题,更是强国的关键。只有通过各种途径的教育才能让国民真正理解和认识到自身所处的环境、自身所处的关系以及自身身份等问题。梁启超先生于1922年7月3日在济南中华教育改进年会讲演中

---

① 顾明远:《关于教育现代化的几个问题》,载《中国教育学刊》1997年第3期。
② 顾明远:《关于教育现代化的几个问题》,载《中国教育学刊》1997年第3期。

指出:"人不是单独做得成,总要和别的人连带着做。无论何人,一面做地球上一个人,一面有做某个家庭里头的父母或儿女,丈夫或妻子,一面又做某省某县某市某村的住民;此外因各人的境遇或者兼作某个学校的老师或学生,某个公司的东家或伙计……尤其不能免的是无论何人总要是某个国家的国民。"①教育最重要的一项任务就是使得受教育者能够实现身份认同、文化认同、民族认同和国家认同。这也就实现了上层建筑的作用。

教育问题是关乎意识形态的根本问题。从中国革命时期到社会主义建设时期,党和国家对教育问题都十分重视。1939年8月,毛泽东同志在陕甘宁边区小学教员暑期训练班毕业典礼上说:"陶行知主张知行合一,提倡生活教育,把教的、学的、做的统一起来,这在马克思主义看来,就是理论与实践的统一。现在我们的教科书中还缺少一部分,就是生活教育。"②既要结合我国教育的传统,又要融入马克思主义教育思想的基本观点,这就是理论与实践相统一,也就是知行统一的观点。这是将马克思主义关于教育思想有机融入国民教育实践之中。1945年在中国共产党第七次全国代表大会的《论联合政府》的报告中,毛泽东同志进一步提出"中国国民文化和国民教育的宗旨,应当是新民主主义的;就是说,中国应当建立自己的民族的、科学的、人民大众的新文化和新教育"③。这对教育的新认识也提升到了更高的水平,对新中国成立后文化和教育的发展问题旗帜鲜明地提出要建立新民主主义的文化和教育,并且要建立属于新中国的民族的、科学的、人民大众的新文化和新教育,这为党和国家意识形态的根本性革新提供了充分的保障。

作为文化上层建设之一,教育始终是关乎国家长远发展的根本性任务。实现现代化国家必须依靠教育,实现人民整体素质的提升也必须依靠教育。特别是进入改革开放新时期以来,我国对教育事业的高度重视是伴随着邓小平同志对教育事业深刻洞察而展开的。邓小平同志强调:"我知道科学、教育是难搞的,但是我自告奋勇来抓。不抓科学、教育,四个现代化就没有希望,就成为一句空话。"④这是从国家大局出发,从国家发展的未来进行谋划的涉及教

---

① 梁启超:《梁启超论教育》,商务印书馆2017年版,第192页。
② 中共中央文献编辑室:《毛泽东年谱(1893—1949)》(修订版中卷),中央文献出版社2013年版,第137页。
③ 《毛泽东选集(第3卷)》,人民出版社2006年版,第1083页。
④ 《邓小平文选(第2卷)》,人民出版社1994年版,第68页。

育的关键问题。邓小平同志还说过:"科学技术人才的培养基础在教育。"①邓小平同志的一系列关于教育的重要论述为教育发展进入快车道提供了思想保证,国家相继出台的一系列重大教育改革从体制机制上破解了教育领域存在的各种难题,并为教育的发展提供了光明的前景。"教育思想是主导,教育内容是核心教育制度、设备、方法,管理是保证。教育思想的变革就会引起教育内容的变革,教育方法的变革"②。教育思想作为意识形态的关键影响思想,能够为国家发展提供重要的思想保障和基础条件。任何社会在发展中必须始终关注意识形态安全,教育作为文化意识形态的发展前提,必须始终保持正确的发展方向,并为国家现代化提供基础性和长远性保证。

三、教育是人类智慧延续的根本保障

教育作为人类文明不断延续、人类智慧不断丰富的重要手段,在人类社会发展中起着越来越重要的作用。关于"教育"的概念,《中国大百科全书》对此有以下说明:"教育是培养人的一种活动,它同社会的发展、人的发展有密切的联系。从广义上说,凡是增进人们知识和技能、影响人们思想品德的活动,都是教育。狭义的教育,主要是指学校教育,其含义是指教育者根据一定社会的要求,有目的、有计划、有组织地对受教育者的身心施加影响,把他们培养成为一定社会所需要的人的活动。"③由此可知,教育问题始终是培养人、塑造人的关键环节,并能够为人类社会发展进步做出巨大贡献的特有方式。人类的生生不息,人类社会的发展进步,最为关键的问题就是人类不仅能够通过教育来解决物质世界面临的问题,而且也能够通过教育来实现对精神世界的建设。无论是关于物质世界领域的人类知识,还是关于精神世界的人类知识,都是人类智慧的集中反映。人类智慧以经验或知识的方式传递给人类的下一代,这种经验和知识以人类特有的记录方式,如文字、计算、符号等,用人类特有的代际传递方式不断延续着人类文明。在这样的过程中,人类智慧就像滚雪球一样,涵盖的内容越来越丰富,伴随着人类代际知识的不断积累,人类智慧也不断丰富起来。在人类智慧不断丰富的过程中,教育发挥了积极的助推作用,为

---

① 中共中央文献研究室:《邓小平同志论教育》,人民教育出版社1990年版,第54页。
② 顾明远:《关于教育现代化的几个问题》,载《中国教育学刊》1997年第3期。
③ 中国大百科全书总编辑委员会《教育》编辑委员会:《中国大百科全书·教育卷》,中国大百科全书出版社1985年版,第1页。

人类智慧的发展提供了根本性的保障。

人类对于教育的认识也在不断深化和发展,古今中外众多思想家、教育家对教育,逐渐形成高度凝练的新认识。亚里士多德认为"求知是人类的本性",杜威强调"教育即生长",德国著名教育家卡尔·雅斯贝尔斯强调"所谓教育,不过是人对人的主体间灵魂交流活动(尤其是老一代对年轻一代),包括知识内容的传授、生命内涵的领悟、意志行为的规范并通过文化传递功能,将文化遗产教给年轻一代,使他们自由地生成,并启迪其自由天性"[1],我国著名教育家叶澜认为"教育是一种社会活动",凡此种种关于教育的理论学说逐渐成为人类从不同角度和不同层面对于教育的理解。"求知"的过程就是教育的过程,人类自身生命的延续过程就是不断探求新知识的过程,这也成为人类的本性特征。"教育即生长"充分呈现出教育在人的生长中发挥的极为重要的作用,生长过程中无不以教育全程参与为根本标志。教育作为"代际交流"的关键方式,能够充分发挥出人与人之间的代际传播的延续性,也为人类文明的延续提供了最为重要的资源。马克思主义关于人的本质论述中特别强调"社会关系"的重要性,教育作为推动社会关系逐渐形成的关键力量,也为社会关系的发展和社会活动的丰富提供了重要的可能的基础。

"教育是一项具有时代感的伟大事业"[2]"始终承载着育人这一亘古不变的责任与使命"[3],教育是人类社会发展的必须运用方式,这是在社会发展基础上对个体生命质量提升的关键手段,也是实现个体生命价值的必由之路。因此,人类在教育的过程中逐渐认识到,教育过程中不仅是他人受益,自身也会在教育中成为受益者。随着教育活动范围的不断扩大,教育这一方式也有了更加坚实的实践基础,教育也成为一种普遍存在的生活方式,为人类社会的发展提供了一切可能性。雅斯贝尔斯强调"真正的教育应先获得自身的本质。教育须有信仰,没有信仰就不成其为教育,而只是教学的技术而已"[4]。由此来看,教育与信仰紧密联系在一起,教育信仰首先是教育在传递人类智慧过程中必须具有鲜明的品格,主要表现为教育以推动人类社会发展为根本指针。

---

[1] [德]卡尔·雅斯贝尔斯:《什么是教育》,邹进译,生活·读书·新知三联书店1991年版,第3页。
[2] 顾明远:《教育大辞典(上卷)》,上海教育出版社1990年版,第726页。
[3] [德]赫尔巴特:《普通教育学》,李其龙译,江苏教育出版社1990年版,第6页。
[4] [德]卡尔·雅斯贝尔斯:《什么是教育》,邹进译,生活·读书·新知三联书店1991年版,第44页。

从教育所要实现的目标上来看,"教育的本质就是培养人具有丰富的情感、正确的价值观、良好的道德品性和健全的人格"①。人格教育成为教育中的核心内容,这也充分反映了教育者对教育的理解和认识存在的不同。从教育的实现的价值来说,"教育是一种人的精神活动的外化,教育问题包含价值问题,研究教育问题既要研究事实也要研究价值"②。教育本身所具有的价值是人类应该关注的首要问题,教育过程或教育方式等具体的教育问题是需要进行研究的教育的具体问题,而教育本身所具有的价值问题则是人们必须给予高度重视的根本性问题。无论是教育事实问题(或称为实际问题),还是价值问题(或称为意义问题),都应该是关于教育领域关注的重要问题,因为,教育与人类社会的关系问题突出表现为价值问题。

教育与人类社会发展等问题,始终是教育应该高度关注的内容。教育就是为实现人类社会的发展进步而存在的一种人际交流方式,利用这种交流方式能够将教育所蕴含的价值充分展现出来。这种展现的方式就是使人能够更好地融入社会关系之中。"教育正是借助于个人的存在将个体带入全体之中"③。教育也成为"个体"与"全体"的产生紧密关系的纽带,在教育这一纽带的联系下,人与人直接逐渐形成紧密的"共同体",这也为人类社会的发展提供了重要的现实基础。"只有在共同体中,个人才能获得全面发展其才能的手段,也就是说,只有在共同体中才可能有个人自由"④。这也为人类社会发展提供了重要的契机,也为人类智慧的延续提供了现实的基础。教育在人类智慧的延续中始终发挥了决定性的作用,教育为人际交往、人类智慧、人类文明都发挥了积极的推动作用,为人类智慧的丰富起到了根本性保障。

第二节 人工智能与教育的一体化发展

一、人工智能融入教育形成智能教育

人工智能的发展为教育提供了更加有效的技术手段,人工智能技术通过

---

① 于家杰、刘伟、毛迎新:《人工智能时代教师存在的价值》,载《现代教育技术》2020年第7期。
② 靖东阁:《人工智能时代教育研究的主体性缺失与回归》,载《中国电化教育》2020年第12期。
③ [德]卡尔·雅斯贝尔斯:《什么是教育》,邹进译,生活·读书·新知三联书店1991年版,第54页。
④ 《马克思恩格斯选集(第1卷)》,人民出版社2012年版,第199页。

与教育的深度融合,最终的结果便形成了智能教育。智能教育是教育技术不断发展的必然结果,也为教育在新技术条件下形成更加便捷的途径和更加有效的教育效果提供了可能。在人工智能技术的全面影响和介入下,教育领域呈现出巨大的变化。教育不再局限于课堂的面对面教学,而是呈现出由技术参与下的远程网络教学、实时连线教学、网络互动教学、智能辅助教学等多种形式。"智能化时代的到来是科技与生产力的发展规律使然。进入工业社会以来,科技与生产力的发展经历了四个阶段:机械化→电气化→自动化→信息化,目前正在加速踏入智能化阶段"[①]。智能化阶段是智能技术广泛运用的阶段,也是在人工智能技术融入教育的关键阶段。在这一阶段中,智能教育的样态逐渐清晰,智能教育所涵盖的教育领域和范围更加全面。

人工智能技术的广泛运用为人类社会的生产和生活带来了根本性变革,并由此产生了智能化时代这一特定阶段。"在智能化时代,无论是技术进步还是社会发展的逻辑,都决定了开放性、多样性的重要性,任何社会系统的主体都更趋多元化,合作共治便是基于多元复杂的当代高等教育发展及治理场景提出的诉求"[②]。智能时代所具有的开放性、多样性等突出表现与现代教育本身所具有的特征达成高度一致。"现代教育有如下特征:① 受教育者的广泛性和平等性;② 教育的终身性和全时空性;③ 教育的生产性和社会性;④ 教育的个性性;⑤ 教育的多样性;⑥ 教育的变革性;⑦ 教育的国际性和开放性;⑧ 教育的科学性即教育对教育科学研究的依赖性"[③]。质言之,人工智能技术极大地推动了教育技术现代化,这也为实现教育现代化奠定了前提性基础。

人工智能技术的发展源于人类在科技领域的重大突破,特别是 20 世纪 90 年代以来的科技革命带来了计算机技术、互联网技术、生物新技术的突飞猛进的发展,在此基础上,人工智能技术也实现了质的飞跃。"人工智能的技术应用范围也显示出其巨大威力,包括语言处理、云计算、大数据分析系统等等,既能求解微分方程,也能进行人类下棋、设计等活动,还包括应用于航天飞行器等具有更加复杂的内部结构和面临更加复杂未知环境的庞大智能控制系统等"[④]。人工智能技术在生产和生活领域的广泛应用为教育领域的应用积累了

---

① 韩力群:《教育现代化与教育信息化》,载《教育与教学研究》2020 年第 10 期。
② 南旭光、张培:《智能化时代我国高等教育治理变革研究》,载《中国电化教育》2018 年第 6 期。
③ 顾明远:《关于教育现代化的几个问题》,载《中国教育学刊》1997 年第 3 期。
④ 孙振杰:《关于人工智能发展的几点哲学思考》,载《齐鲁学刊》2017 年第 1 期。

实践经验,这也为从国家层面出台人工智能推动教育发展提供了可能。

2017年国务院发布的《新一代人工智能发展规划》中有一段关于"智能教育"的阐述:"智能教育。利用智能技术加快推动人才培养模式、教学方法改革,构建包含智能学习、交互式学习的新型教育体系。开展智能校园建设,推动人工智能在教学、管理、资源建设等全流程应用。开发立体综合教学场、基于大数据智能的在线学习教育平台。开发智能教育助理,建立智能、快速、全面的教育分析系统。建立以学习者为中心的教育环境,提供精准推送的教育服务,实现日常教育和终身教育定制化。"[1]智能教育以实际的智能技术融入教育环节为抓手,以智能技术赋能教育工具为载体,以智能技术覆盖教育场所为保障,从而打造形成全方位、立体化、全天候的智能教育技术服务保障支撑。对教育的实践目标和价值目标均通过智能技术的方式来实现教育领域的根本性变革,让技术为教育服务中充分体现人的价值追求和教育的价值实现达成高度的一致。

人工智能作为人类智慧的延伸,必须以"人"为根本的出发点,智能技术中如果没有"人"的参与,这项技术就仅仅是生产使用的工具而已,不会与人的道德、精神、情感等人类特性紧密相关。因此,只有"人"参与下的智能技术与教育的结合才达成教育价值目标实现的根本前提条件,因此,对于人类教育而言必须保有教育的温度,满怀对教育的一腔热情才能使得智能教育实现对人本身的关注,从而达成实现人的自由而全面发展的目的。"科技不能取代教师,但是使用科技的教师却能取代不使用科技的教师,这样的简单说法加上人工智能技术的冲击,极易误导教师陷入恐慌之中"[2]。因此,智能教育领域必须高度关注人自身的发展。人工智能作为增强人类智能某一方面功能的重要载体,发挥了极为重要的作用。伴随着人工智能、大数据、区块链等新一代信息高科技的深度发展和广泛应用,使得知识的获取和传授方式也发生了根本性的变革,传统的教育理念、教育体系、教育内容等都已经不能适应个性化的学习需求。

人工智能技术应用于教育领域的关键还是以人的发展为根本前提,如果忽视人的主导性,将会带来本末倒置的风险。因此,要将人工智能与人类智能

---

[1] 中华人民共和国中央人民政府网站,http://www.gov.cn/zhengce/content/2017-07/20/content_5211996.htm。

[2] 李芒、张华阳:《对人工智能在教育中应用的批判与主张》,载《电化教育研究》2020年第3期。

两者之间的互动关系进行协调和梳理,只有这样才能发挥出对教育的正向影响或引导作用。"由于人工智能与人类智能存在本质的差别,这就决定了人工智能应用于教育有其边界与定位——在目前乃至未来的很长一段时期人工智能将处于一个辅助性的地位,无法取代教师,也无法完全满足学生学习的需要"①。人工智能无法取代教师是由教育的特殊性决定的,教育过程中人与人之间的关系问题不仅仅是"输出—接收"关系,更应该包括作为主体之间的互动交流关系。人工智能虽然能够赋能教师在教育领域的教学革新,但是人工智能技术的应用有囿于不同教师个体对教学活动的设计及自身专业和水平的影响,同时,对于人工智能技术的熟练程度往往具有决定性作用。如果将人工智能技术作为一项必须掌握的教育技术推广到不同年龄阶段和不同专业教师中,往往具有"一刀切"的嫌疑,而这样的教育效果往往也会大打折扣。

人工智能这一类技术产物作为技术发展的存在物,如何更好地把握其与人之间的关系成为亟待解决的认识问题。"人是类存在物,不仅因为人在实践上和理论上都把类——他自身的类以及其他物的类——当作自己的对象"②。人工智能之所以能够在技术上与教育紧密结合,关键的问题就是人工智能和教育都与人类的发展紧密相关。特别是随着工业革命的影响,人类社会的进步与科学技术的发展产生了深刻的联系;工业社会中教育的发展对人类社会的进步也越发突出地表现出极为重要的作用。涉及教育领域之中,人工智能不仅是作为一个"技术产物",也是人类进行教育的专门工具,现阶段人工智能的运用必须依靠教育者的主动性才能发挥其作用。"人工智能却又被注入了所谓的'智慧''思想',甚至'情感'(比如能够为学生规划学习路径、推荐个性化学习内容),似乎有了'主观能动性',这使得作为客体的'技术人造物''升格'成了'教育主体'"③。这种"升格"往往是人工智能技术带给教育领域的表象,实际上人工智能推动教育的背后还是以人的主动性为基础。

智能教育作为教育与人工智能结合的现实基础和未来发展方向,在智能技术的参与下教育也越来越适应人工智能的推动。"现代 AI 专家为实

---

① 宋灵青、许林:《人工智能教育应用的逻辑起点与边界——以知识学习为例》,载《中国电化教育》2019年第6期。
② 《马克思恩格斯选集(第1卷)》,人民出版社2012年版,第55页。
③ 张刚要、梁青青:《人工智能的教育哲学思考》,载《中国电化教育》2020年第6期。

现更强大的认知智能,将身体的相关特征纳入计算机的算法中,同时以人脑的神经系统为原型建构错综复杂的人工神经网络,朝着模仿并超越人类智能的方向推进"①。在人工智能不断模仿人类神经系统的过程中,智能教育的发展也随之有了较大的进步。在教育过程中关注点似乎更多的是在智能技术的可行性、便捷性、操作性等方面,往往忽视教育内容是否与智能技术相符合,这样的结果往往背离了教育的初衷。

教育中必须以"人"为智能教育的原点和起点,因此必须思考未来教育应如何培养人和塑造人,才能让未来社会中的人不断适应智能时代的新变化,从而充分展现人在教育中所应该具有的价值。智能教育最重要的就是应该从"工具思维"走向"原点思维或起点思维",将人的人文素养与实际能力作为培养的核心目标。"要改变割裂思维,走向关联思维,尤其要警惕将人工智能与人类智能割裂开来的做法,即要在两者关联的意义上思考人工智能与教育的关系"②。实现教育现代化不仅仅要关注工具层面,更多的需要关注价值层面。"并非教育本身而是那些与教育密切相关的社会条件和环境以及它们的影响才能够作为对个人现代性的真正解释"③。智能教育是推动教育现代化的重要环节,但不是唯一环节。对人自身的关注才是真正实现人的教育现代化的根本。

任何技术的发展往往都会带来"双刃剑"效应,人工智能技术也不例外。"人工智能发展的不确定性带来新挑战。人工智能是影响面广的颠覆性技术,可能带来改变就业结构、冲击法律与社会伦理、侵犯个人隐私、挑战国际关系准则等问题,将对政府管理、经济安全和社会稳定乃至全球治理产生深远影响。在大力发展人工智能的同时,必须高度重视可能带来的安全风险挑战,加强前瞻预防与约束引导,最大限度降低风险,确保人工智能安全、可靠、可控发展"④。人工智能在教育领域也隐含着各种风险挑战,既有对现有教育体系的冲击,又有对人类接受知识过程的影响。因此,必须从整体上来对人工智能技

---

① 孙田琳子、沈书生:《论人工智能的教育尺度——来自德雷福斯的现象学反思》,载《中国电化教育》2019年第11期。
② 关成华、陈超凡、安欣:《智能时代的教育创新趋势与未来教育启示》,载《中国电化教育》2021年第7期。
③ [美]英格尔斯:《人的现代化》,四川人民出版社1985年版,第9—10页。
④ 《国务院关于印发新一代人工智能发展规划的通知》,中华人民共和国中央人民政府网站,http://www.gov.cn/zhengce/content/2017-07/20/content_5211996.htm。

术在教育领域的应用提出相应的限制性规定。这种限制性规定不是阻碍智能技术在教育领域中的发展,而是有针对性地提出智能服务教育的有效环节。尤瓦尔·赫拉利在《未来简史》一书中发出警示:"在机器和人类的竞争仅限于身体能力时,人类还有数不尽的认知任务可以做得更好……然而,一旦算法在记忆、分析和辨识各种模式的能力上超过人类,会发生什么事?"[①]我们人类对人工智能技术充满希望的时候,也需要冷静地思考以避免智能教育可能带给人类教育活动的"无妄之灾"。

人工智能在推动教育形成智能教育过程中,我们必须同时具有乐观和悲观两种警惕论调。我们不能无视人工智能推动人类社会进步中已经发挥的巨大作用,但我们也不仅能看到其发挥巨大作用现实背后,我们如何更好地规范人工智能的发展。我们对人工智能未来发展的前景似乎是知之甚少,我们所能够做的眼前的工作,往往是根据实践状况不断调整对人工智能未来的期待,从而以此来判断人工智能在教育领域中的发展走向。但是,这些实践根据也是不断变化的,这些根据在未来的发展中将不断地被淡化,甚至改变其发展方向,因此,这就是关于人工智能在教育领域必须秉持的一种实事求是的态度。"推动智能技术深度融入教育教学全过程,加强对信息化时代学习者认知和学习行动规律的研究,推广应用智能学习空间和智能教育助理,促进育人方式、教学模式改进,实现公平而有质量的教育,促进人的全面发展"[②]。从目前来看,智能教育肯定是推动实现教育公平、提升教育效率的重要方式,但是如何更好地把握人工智能对教育的正面影响,则是必须事前进行认真考虑的关键因素。

二、人工智能教育的一体化发展进路

人工智能与教育的融合发展是人工智能教育一体化发展的必然结果。"人工智能教育"或"教育人工智能"这两个概念的出现充分说明两者一体化发展的程度。人工智能教育的一体化发展成为教育技术发展的现实结果,教育技术的广泛使用为教育的发展提供了新的契机。"人工智能发展进入新阶段。经过60多年的演进,特别是在移动互联网、大数据、超级计算、传感网、脑科学

---

① [以]尤瓦尔·赫拉利:《未来简史》,林俊宏译,中信出版社2017年版,第286页。
② 李冀红、万青青、陆晓静、杨澜、曾海军:《面向现代化的教育信息化发展方向与建议》,载《中国远程教育》2021年第4期。

等新理论新技术以及经济社会发展强烈需求的共同驱动下,人工智能加速发展,呈现出深度学习、跨界融合、人机协同、群智开放、自主操控等新特征"①。人工智能教育就是在智能技术迭代革新,并全程参与下实现的教育领域的巨大变革。这一变革对于教育质量和教育效果的提升具有重要的推动作用。

关于人工智能教育带来积极或消极影响方面,作为教育领域的参与者都应该有自己的判断和甄别。作为人工智能教育的发展的重要成果就是如何更好地实现教育现代化,实现人在教育中的主体性地位。仅仅用思维考量的方式来判断人工智能教育的发展状况,具有非常明显的局限性,因此,对于人工智能教育必须通过教育实践来衡量。"人的思维是否具有客观的真理性,这不是一个理论的问题,而是一个实践的问题"②。这样的教育实践必须与教育的关键要素密切相关。教师和学生是教育过程中必然的主体,教育技术作为实现人工智能教育的核心要素,发挥了积极的作用,教育伦理在人工智能教育中同样不能被忽视,特别是人工智能教育发展后人的地位或人工智能技术的处境必须进行合理的布局和谋划,只有这样才能为实现人工智能教育一体化发展奠定发展的基础。

人工智能作为智能教育或智化教育的重要方式,可以将其界定为:以人工智能为镜,反思现有教育的"迟钝之处",使之变得更加聪明③。在由传统教育向现代教育的转变进程中,人工智能技术发挥了推动教育发展的关键作用。人工智能教育一体化的发展的结果就是,使教育内容与教育方式在不断革新的基础上发挥出积极的推动作用。在发展中,也要从深层次看清楚,人工智能教育在应用中带来的一系列教育焦虑和教育困厄。以上的系列问题都会引起我们对人工智能教育的重新思考。"教育的本质不会因外部的或偶然的因素而改变,随着时间与空间的不断变迁与转换,教育的本质不会被扰乱反而会拨云见日般愈益清晰"④。因此,我们可以从四条不同的进路来看待人工智能发展的方向。

第一条进路是教师进路。某些所谓的研究者曾经大胆预测:"未来人工智

---

① 《国务院关于印发新一代人工智能发展规划的通知》,中华人民共和国中央人民政府网站,http://www.gov.cn/zhengce/content/2017-07/20/content_5211996.htm.
② 《马克思恩格斯选集(第1卷)》,人民出版社2012年版,第134页。
③ 杨欣:《人工智能"智化"教育的内涵、途径和策略——人工智能何以让教育变得更聪明》,载《中国电化教育》2020年第3期。
④ 李春迪、唐爱民:《人工智能时代课堂教学的困厄与澄明》,载《中国电化教育》2021年第8期。

能技术高度参与下的教育领域,教师这一职业将不复存在。"但是按照教育本身的属性或本质,这一观点始终无法获得认可。教师作为教育领域的主体或主导,自人类出现以来始终贯穿于教育的全过程。教育最重要的目的就是让人类面对自然界或人类自身时始终保持清晰的认识,这种清晰的认识就是源于人类已有知识的传承,就是源于教育。

教育过程就是人与人交往的过程,如果缺失了人与人的交往过程,教育的效果或教育的目的都不会实现。教师作为教育领域中引导者身份始终以"类内交往"的身份出现,如果没有这样的身份认同或教育认知,教育将不会具有延续性和传承性。在具体的教育实践过程中,教师在教育领域的主动性、引导性和创造性为教育的发展奠定了决定性的作用,教育活动如果没有教师参与,学生这一概念或主体也将不复存在,这样的教育也会失去效果。因此,人工智能发展中必须将教师的参与纳入人工智能教育全过程,唯有此,才能在教师的主导下实现教育的目的。

第二条进路是学生进路。学生进路与教师进路具有同样的情形,学生身份的产生是因为教师身份的存在,"师生关系"是学生身份存在的前提,如果仅仅有教育技术参与下的学生学习环节,教育本身的属性便发生了根本性的改变。"学生"这一概念也将伴随着人工智能教育的发展而改变。人在人工智能技术及工具的影响下,如果能够真正体现作为学习主体的作用,这将成为突出的问题。如果学生的全面发展完全寄托于人工智能技术之上,教育中所应该呈现的多样性将会出现严重的倒退。人工智能教育中的"人工智能"是技术,而教育则是目的;不能因为人工智能的广泛使用而成为消解人自身多样性的工具,成为将人进行"刻画、复制、摹写"的对象。

如果人工智能教育中的学生失去了主体性,学生也会存在严重被异化的可能,这样的结果就是学生将成为人工智能技术制造的"产品",这种"产品"的思想和能力完成受限于人工智能教育过程中输入的教育信息。学生的角色的丧失也会伴随着学生主体身份的丧失,学生主动认识世界的能力也会被人工智能技术牢牢局限于一定范围,学生的主体权利可能会被隐蔽式剥夺。因此,人工智能教育发展中必须将现代教育的理念充分运用于教育的全过程。学生的学习过程就是由被动接受者的身份转变为主动寻求答案的主动者身份,这样的转变为学生的主体意识的觉醒,主体需求的满足提供了一切可能。在符合教育发展的交往教育进程中,学生的主体地位不断地被发现、强化和重视,这也为学生在交往中的主体地位奠定了强有力的基础。如果仅仅以人工智能教育的发展为唯一方向,忽视学生身份在教育中应该具有的作用,最终的结果往往是只有"效果"而没有"结果"。教育的"效果"按照人工智能教育设定的目标如期实现了,但是教育"结果"却是因为忽视"人"的主体地位而丧失。因此,必须在人工智能教育中凸显学生身份认同。

第三条进路是教育技术进路。当人工智能技术以前所未有的速度进入教育领域后,在教育领域中技术路线愈发呈现出特别重要的地位。教育技术的发展为教育的发展提供了重要的契机,这本身就是教育技术在教育领域中发挥极其重要作用的一个方面。在《北京共识》中特别强调人工智能技术对教育的深刻影响,"通过人工智能与教育的系统融合,全面创新教育、教学和学习方式,并利用人工智能加快建设开放灵活的教育体系,确保全民享有公平、适合每个人且优质的终身学习机会,从而推动可持续发展目标和人类命运共同体的实现"[①]。人工智能与教育的结合就是教育技术路线在当今教育领域中必须面对的现状。人工智能教育的发展就是以技术推动教育,以教育发展反馈技术进步。教育技术是教育发展的根本方向,也是教育进步的重要方式。

在技术推动下的教育也会存在一定的弊端,这种弊端也会由于对人工智能技术影响的放大而产生负面效果。对技术路线的批判始终需要高度关注,因为任何技术的发展都会伴随着一定的影响。"人工智能技术便是在试图延伸人的功能,其特定的意向结构反映的是预先设计好的一些内容。因此,无论是工业流水线还是教学中的师生,都逃脱不了人工智能设置好的'座架',无论是谁,等待着的都是一把请君入瓮的'模拟游戏'。甚至,其背后还隐藏着一条道路,即技术的选择具有极强的社会性,于是有选择,就会有'伤害'。任何选择,一定是对某些学习者有利,对某些学习者不利"[②]。因此,对技术路线的认识也成为教育发展的关键,如果更好地将技术融入教育,将二者紧密地结合起来,将成为人工智能技术发展的关键。

第四条进路是教育伦理进路。教育伦理是关注教育自身的重要思想,也

[①] 联合国教科文组织:《人工智能与教育北京共识》,国际人工智能与教育大会成果文件"规划人工智能时代的教育:引领与跨越",2019年5月16—18日,中华人民共和国教育部网站,http://www.moe.gov.cn/jyb_xwfb/gzdt_gzdt/s5987/201908/W020190828311234679343.pdf.

[②] 李芒、张华阳:《对人工智能在教育中应用的批判与主张》,载《电化教育研究》2020年第3期。

是对人类教育思想的根本指导原则。教育的发展,根本目的是实现人人享有公平公正的教育机会,并在教育中实现自身能力的提升,从而实现人的自由全面发展的机会。"重申教育人工智能方面的技术突破应被视为改善最弱势群体受教育机会的一个契机"①。人工智能教育发展就是将教育资源不平衡的现状,能够通过教育技术的介入而呈现新的变化,这也是教育平等思想在教育实践中的应用。人工智能教育的应用不仅仅是一个技术层面上的认知,还会涉及技术与人类的发展关系问题、科学技术与社会进步等层面的重大问题,如果忽视教育伦理中复杂性问题,将会带来不可估量的损失。"一方面,教育人工智能是人工智能技术及系统在教育领域的具体应用,需要遵循一般的人工智能伦理原则;另一方面,它又是一种具体的教育教学实践活动,需要遵循教育伦理原则"②。

  教育自身的发展就是认知理性与创生精神的结合体,既要面对技术影响的外部世界,也要面对教育自身发展的内容要求。教育本身就是以"内外结合"的形式展开的,既要正确解读技术与人的关系,也要考量社会与人的关系,还要分析教育思想对人的影响,只有这样才能将人工智能教育的发展目标与实践进程紧密结合在一起,从而全面推进教育现代化。全面推进教育现代化进程中决不能轻视信息化和人工智能对教育发展的影响,但教育现代化的终极目标却是人的全面发展和人的现代化。人工智能教育发展进路中存在的现实困境促使教育领域中对人工智能与教育相结合中的深刻认识。"人工智能从海量信息中快速提取有效信息的特质促逼着教师对其产生依赖和顺从,部分教师不假思索地将搜索到的信息作为教学材料直接运用于教学。人工智能快速提取信息的能力,虽能提高教师的工作效率,但往往会自动过滤掉与目标无直接相关的信息,在一定程度上割裂了知识的结构性和系统性,使完整的知识体系变得独立且零散,如此向学生呈现的知识必然是碎片化的"③。因此,人工智能教育必须充分考虑教育伦理的要求,只有这样人工智能教育才能更快更好地发展。

---

① 联合国教科文组织:《人工智能与教育北京共识》,国际人工智能与教育大会成果文件"规划人工智能时代的教育:引领与跨越",2019年5月16—18日,中华人民共和国教育部网站,http://www.moe.gov.cn/jyb_xwfb/gzdt_gzdt/s5987/201908/W020190828311234679343.pdf.
② 邓国民、李梅:《教育人工智能伦理问题与伦理原则探讨》,载《电化教育研究》2020年第6期。
③ 刘磊、刘瑞:《人工智能时代的教师角色转变:困境与突围——基于海德格尔技术哲学视角》,载《开放教育研究》2020年第3期。

三、人工智能教育对人类的深远影响

人工智能技术的发展以超乎人类想象的速度向前发展，特别是在由世界大量资本推动和高科技工作者的直接参与下，人工智能技术已经越来越具有从"弱人工智能"到"强人工智能"（或通用人工智能）转变的可能。这种可能已经伴随着人工智能技术的迅猛发展而逐渐变为现实。从 IBM 的超级计算机"深蓝"（Deep Blue）到谷歌 Google 旗下 DeepMind 公司"阿尔法狗"（AlphaGo），已深刻改变了人类对人工智能技术的刻板印象。人工智能是否会有自主意识，抑或是否会在不久的将来超越人类，成为控制或统治人类的异化工具，这一切可能都会紧跟人工智能技术的发展而产生新的认识。

美国 OpenAI 研发的人工智能技术驱动的自然语言处理工具 ChatGPT，于 2022 年 11 月 30 日向世界公开发布。该人工智能应用成果——ChatGPT，可以通过学习和理解人类的语言与人类进行对话交流。据称，该人工智能聊天工具彻底打破了人工智能聊天工具的局限性，能够根据聊天的上下文内容与对话者进行互动，实现真正像人类一样相互聊天交流，甚至还能完成撰写邮件、视频脚本、文案、代码、论文及翻译等任务。由此来看，人工智能技术的迅猛发展已经在通用人工智能的道路上开始了真正的起步，特别是以脑力智慧功能和语言功能这两项功能的发展，确实使得人工智能技术突破了自主思维的局限，并迎来了巨大的变革。这一巨大变革已经深刻影响到教育领域，特别影响到教育领域中广泛运用的对话、翻译、写论文、写邮件等。在人工智能技术催变的教育领域，人类也应该适时思考人工智能教育对人类社会带来的深远影响。

人工智能教育的发展根本技术支撑就是人工智能技术，伴随着人工智能技术的迅猛发展，人工智能教育也呈现出与传统教育截然不同的发展方向。人工智能教育以技术为教育的基底，不断通过技术革新和进步将人工智能技术相联系的教育理念、教育内容、教育方式等进行系统性优化，并从根本上打破传统教育中"教与学"的关系，将人工智能教育打造成为"智能学习＋机器学习＋自主学习"的教育方式。从根本上改变了传统教育的理念，并为教育的变革提供了人工智能技术的发展进路。这种发展进路中，如何真正理解人工智能教育将会带来的深远影响，必然成为必须亟待解决的迫切问题。"人工智能时代，当教学被智能化工具、技术思维与技术理性包围的时候，所有一切都将

倒逼教育时空的解构与重构"①。人工智能教育必然解构原有传统教育理念和方式，也必然随着人工智能技术的发展而重构人工智能教育的思路。伴随着人工智能教育的发展，必将会对人类自身发展带来各个方面深远的影响，特别是在思维方式、学习方式、行为方式等方面产生深远影响。"尚处于发展中的人工智能技术，必然会走向不同的岔路，而未能达到理想效果的教学技术自然挤压了课堂有效教学时间，降低了原有的有效教学质量，破坏了学生的学习获得感，使师生陷入工具的束缚与窠臼之中"②。

人工智能教育在思维方式方面的改变，是由于人工智能技术参与会影响到人的思维，思考方式产生巨大影响。人工智能技术未应用于教育领域之前，教育是以"人对人"传授为主，以教学内容的"言传身教"的方式来实现教育。人与人之间除了教育内容之外还有形成情感交流，所以就形成了对教师的尊敬与对学生的关爱等教育情感。当人工智能技术参与到教育领域之后，传统教育中的情感传递往往会大打折扣。教育者和受教育者之间的情感纽带被人工智能技术所代替，从而出现了高度依赖人工智能，而缺少进一步思考和实践的机会，长久的人工智能技术参与下的教育必将引起人们思维方式的改变，当长期接受人工智能教育的人们再遇到问题时，往往不是通过自己独立思考来解决问题，而是首先考虑人工智能的搜索引擎会给我们带来怎样的最优答案。长此以往，人们的思维方式将会固化为：缺少思维训练，缺少情感交流，缺少思维复杂性等情况，这是人工智能教育带给人类深远影响的第一个方面。

人工智能教育在学习方式方面，也由于人工智能技术的参与而产生巨大变化。人工智能教育对学习方式的改变与传统教育不同，人工智能教育强调的是一种跨界的教育理念，这也是将人工智能技术全方位地融入教育全过程呈现的结果。在人工智能技术被广泛采用的背景下，学习方式也呈现出与以往不同的场景。智能设备的广泛运用成为教育领域最普遍的现象，学习方式从依靠教师主导的课堂教学转变为依靠智能设备进行自主学习的方式。这种智能设备被广泛使用的结果，就是人的依赖性越来越明显地受到智能设备所设定的程序的影响。在使用计算机时往往通过键盘输入的形式来实现相应功

---

① 李春迪、唐爱民：《人工智能时代课堂教学的困厄与澄明》，载《中国电化教育》2021年第8期。
② 李芒、张华阳：《对人工智能在教育中应用的批判与主张》，载《电化教育研究》2020年第3期。

能,在这个输入过程中,中文的输入往往存在多种输入方式,主要的是两种输入方式:拼音输入和五笔字符输入,这两种截然不同的输入方式的结果却是相同的,输入的结果在以中文为识别系统中会起到相同的作用。这就像传统教育与人工智能教育一样,想要实现的目的相同,就是让受教育者通过教育活动获得自身的发展。从实际情况来看,两种输入方式的长期使用会潜移默化地影响到使用者对相应输入法的依赖,并在实际使用过程中逐渐形成固定化的样态。人工智能教育亦是如此,长期采用人工智能教育的形式,必然会带来与人工智能相适应的学习方式。这种学习方式是完全依赖于已经习惯的工具,人工智能技术作为工具会从学习的各个方面带来根本性的改变。

人工智能教育也会影响到人类行为方式,人类的行为普遍受到人类思想的影响。就像计算机语言是人类语言在计算机中的语言再现,其中人类的语言最终是通过行为呈现出其目的和效果。现代计算机之父冯·诺依曼在《计算机与人脑》一书中曾说:"人脑的语言不是数学的语言,语言在很大程度上只是历史的事件。"[1]人类语言与计算机语言抑或是人工智能技术语言之间,往往只是信息编码与信息传递的关系,最终的结果就是通过计算机语言或人工智能技术语言达到应该具备的行为,实际上人类语言的作用也是如此。人类交往的最直接的目的就是解决自身发展的局限性(无论是满足基本的生理需要,还是高级的精神需要),突破这种局限性仅仅依靠思想或思考是无法实现的,必须转变为实际的行为。因此,人工智能教育最大的作用,就是将通过人工智能教育使受教育者的行为产生根本性的变化。从实际结果来看,人工智能教育的确给教育者的行为方式带来了重大改变,也产生了基于人工智能技术的行为特点。人工智能教育培养的人才往往依靠人工智能教育来判断是否可以行动。

除了以上三个方面的影响之外,人工智能教育的影响也是多方面的。"在技术进步高奏幸福凯歌的现代时期,人们乐于想象技术进步是对人的解放,但情况并非如此,技术进步并不是人获得解放而回归自然的机会,结果反而可能是人的异化"[2]。对于人工智能教育带来的负面影响也必须及时予以关注,并

---

[1] [美]冯·诺依曼:《计算机与人脑》,甘子玉译,北京大学出版社 2010 年版,第 77 页。
[2] 赵汀阳:《人工智能"革命"的"近忧"和"远虑"》,载《哲学动态》2018 年第 4 期。

及时予以解决。"人工智能发展的不确定性带来新挑战。人工智能是影响面广的颠覆性技术,可能带来改变就业结构、冲击法律与社会伦理、侵犯个人隐私、挑战国际关系准则等问题,将对政府管理、经济安全和社会稳定乃至全球治理产生深远影响"①。当人工智能技术不断发展的时候,必须高度警惕该技术对教育领域带来的风险和挑战,在此过程中要积极加强预防与约束引导,从而最大限度地降低安全风险,从而确保人工智能教育能够在教育领域中发挥出安全、可靠、便捷、高效的发展。

对于人工智能技术带来的新问题,必须在通过创新思维和创新行动才能真正从根本上予以解决。在教育过程中必须凸显"人"作为教育的主体地位,将人工智能技术等先进的技术手段受控于人,唯有此,教育才能真正实现自我解放和自我发展,从而真正实现解放人类自身。"智能机器会将数以百万计的劳动力从日常劳动中解放出来,但是仍然有大量的工作需要我们人类去完成"②。人工智能教育同样也会解放教师或学生在学习中的重复性知识,但是,从根本上来看教育所必须完成的工作必须是通过人与人之间的交往来实现。在《北京共识》的倡议中明确指出:要支持对与新兴人工智能发展影响相关的前沿问题进行前瞻性研究,推动探索利用人工智能促进教育创新的有效战略和实践模式,以期构建一个在人工智能与教育问题上持有共同愿景的国际社会③。但是,"如果在国家和教育中灵魂被遮蔽,那么,国家和教育就将会陷入理解计划于非理性强制手段的混淆之中,那这也就是教育整体作用的消解和对时间沉默的信号"④。对于人工智能技术对教育的隐性来看,人类必须保有足够的定力。"人类自然也必须重视所有对自由意志的冲击和挑战,否则人类社会就会在由人类自身肇始、推动和支配而日益发达的科学和技术面前,潜移默化地成为自己实践对象的对象"⑤。总体来看,人工智能教育对人类教育发展的影响是巨大的,主体影响是积极的,但其消极方面也不应该被忽视。

---

① 《国务院关于印发新一代人工智能发展规划的通知》,中华人民共和国中央人民政府网站,http://www.gov.cn/zhengce/content/2017-07/20/content_5211996.htm
② [美]约瑟夫·E.奥恩:《教育的未来:人工智能时代的教育变革》,李海燕、王秦辉译,机械工业出版社2018年版,第9页。
③ 《北京共识——人工智能与教育》,中华人民共和国教育部网站,2019年8月28日,http://www.moe.gov.cn/jyb_xwfb/gzdt_gzdt/s5987/201908/t20190828_396185.html.
④ [德]卡尔·雅斯贝尔斯:《什么是教育》,邹进译,生活·读书·新知三联书店1991年版,第42页。
⑤ 韩水法:《人工智能时代的自由意志》,载《社会科学战线》2019年第11期。

人工智能教育带给人类的深远影响源于人工智能技术的影响,人工智能技术的蓬勃发展也会给人工智能的发展带来不同的认识。对人工智能的认识大体上会分为三种不同的观点:首先,持有悲观观点的人们普遍认为,人工智能的"奇点"在不久的将来很快就会到来,必然的结果就是人工智能技术一定会超越人类并统治人类;其次,持有乐观观点的人们普遍认为,无论人工智能发展的程度如何,其只可能在某些方面超越人类,但是从总体上而言永远不可能战胜人类,人类终将在这个世界上居于统治地位和主导地位;最后,持融合观点的人们普遍认为,无论人工智慧时代是否真的会到来,人与人工智能之间必然演变成为一种平等、和谐的共赢关系,人将越来越"人工智能化",人工智能技术也越来越"人化"。这三种不同的观点影响下,人工智能教育的发展速度也会出现波动,但是现存的人工智能教育带给人类的影响却是深远的,并在人的思维方式、行为方式等方面潜移默化地产生着影响。

第三节 人工智能教育的价值需求及历史视野

一、人工智能教育的系统性发展价值

人工智能技术的发展为推动教育发展提供了技术前提,人工智能技术为人自身的发展创造了条件。但从技术层面来看,如果人工智能技术不以满足人的需要为本,那么人工智能就是脱离"合目的性"原则的人工智能,也必然导致人工智能技术应用将会在教育领域逐渐消失。因此,人工智能教育本身的发展价值与其自身的融合性具有重要的关联。人工智能教育的发展必须以推动教育发展为根本价值追求,并将人工智能与教育作为一个有机系统来进行全面衡量。"系统在自然界和人类社会中是普遍存在的"[①]。人工智能与教育本身作为技术与文化传承的两个领域中的重要代表,其自身的发展似乎并没有交集,但是,作为主体的人在追求教育价值或技术价值的方面却形成了合力,并将其二者深度融合成为一个有机系统,并产生了积极的效果。

当我们在研究二者的关系问题时,必须将二者形成的整体性系统来认识和把握。这就需要我们必须在二者的关系问题上始终坚持系统性认识,就是

[①] 钱学森:《创建系统学》,山西科学技术出版社2001年版,第196页。

将人工智能技术与教育的结合上放在"大教育"的系统中来把握。按照系统性认识的基本要求,在系统与要素、要素与要素等关键环节上有清晰的认识,并运用联系的观点来看待系统中各个要素的地位和发挥的作用,从而获得系统发展的最优安排。借助系统的观点,充分认识到人工智能技术与教育本身分属于不同的领域,如何促进人工智能技术与教育能够围绕相同的目的,从而形成相互促进、协调发展的一个教育系统。在这样一个系统中人工智能技术与教育两者的地位如何?相互影响如何?实现的融合度如何?这样一系列问题将成为影响教育发展的关键问题。"在一个系统中,系统整体居于主导地位,系统中的各要素居于次要、服从地位,其发展必须服从和服务于系统的整体要求"[①]。基于系统性认识,教育居于主导地位,人工智能技术是为教育提供服务的重要手段。人工智能技术在发展中必然会有技术迭代或技术创新,但是技术本身的发展不能取代教育,技术越来越成为推动教育发展的关键力量,但不是唯一力量。

教育的发展本身就是一个系统性工程,人工智能教育作为一个教育领域中伴随着教育技术进步而形成的一个独立系统,其发挥的作用往往还是具有一定的局限性。教育领域所涉及的教育方式、教育手段、教育理念、教育情感、教育交往等都是需要关注的方面。教育相关的因素或环节共同构成推动教育发展的系统,这个教育系统是复杂、多变的,在教育系统发展进程中是有序发展和无序发展共存的发展过程。教育系统的产生就是人类社会发展需求的集中反馈,在这样的一个背景下,教育的发展必然融合各个方面的信息和能量。"运用复杂系统科学的理论审视社会、教育和技术系统,可以发现人工智能和教育融合面临社会——教育系统发展质量不充分、基础理论研究较薄弱和实践应用领域不均衡三大困境"[②]。因此,对教育的发展必须进行全面系统地分析,并在此基础上获得系统性认识。

"系统方法是当今社会科学和自然科学中应用极为普遍的认识方法,在即将到来的信息社会中,人类的思维方式,将跨入一个系统时代"[③]。系统性认识为教育发展提供了全面的视角,因此,必须对系统观念或系统概念进行全面梳

[①] 鞠俊俊:《马克思主义系统观的几个原则》,载《学习日报》2021年5月10日,第2版。
[②] 徐莉、梁震、杨丽乐:《人工智能+教育融合的困境与出路——复杂系统科学视角》,载《中国电化教育》2021年第5期。
[③] 乌杰:《系统辩证论》,人民出版社1991年版,第292页。

理。"系统是由许多相互联系、相互作用的要素构成并与周围环境发生关系的具有稳定结构和特定功能的有机整体。系统思维以确认事物的普遍有机联系为前提,进而具体把握事物的系统存在、系统联系与系统规律,遵循以整体性、结构性、层次性、开放性和风险性等为基本内容的思维原则,目的是从整体上把握事物并实现事物结构与功能的优化。系统观念是唯物辩证法普遍联系观点的应有之义,从一定意义上说,普遍联系着的事物本身就是一个系统"[①]。对教育领域的系统性认识也必然带来对教育发展的重新认识。

从系统的角度来看,教育的过程就是指教育领域各个因素的动态变化,教育与各个不同因素的结合过程是随着时间的推移和技术的革新而出现的过程或阶段集合体。教育系统也会随着时间的不断推移而生成新的教育系统。与当下的人工智能技术相同,人工智能技术出现之前的投影技术、打印技术等都会与教育在不同时间内结合并逐步发展起来。从根本上来看,教育技术的蓬勃发展在很大程度上得益于信息技术的高速发展,计算机技术算法向并行化、复杂化、规模化发展和跃升彻底改变了人工智能技术的呈现方式。计算机的算法与深度学习在推动人工智能技术向"拟人化"方向发展,从而从根本上影响了教育的发展。在教育系统中,人工智能教育包括利用人工智能赋能的教育和以人工智能为学习内容的教育两种截然不同的教育方向。无论是利用智能工具进行学习、教育,还是借助人工智能培育受教育者的人工智能素养,二者都是在教育系统中不断发展起来的。

系统性发展是教育系统发展的必然趋势,系统性发展价值也是教育领域所必须产生的主要价值之一。教育的发展就像社会的发展一样,不会以个体的意志为转移。教育系统中不断融入新的技术元素,也不会由于人为的干预或阻断就会放慢发展速度。教育的发展目的和要求本身就是以人类的最高价值为目标,人工智能教育的发展价值就是使教育在人工智能技术的参与下不断实现教育公平。人工智能教育的发展价值就是让现实生活中的人们,无论是生活在城市中还是农村地区,无论是富人还是穷人都能够通过人工智能技术的推动实现教育公平。人工智能教育的发展价值就是通过不断推动人们在文化、思想等领域产生新的认识,从而更好地推动教育目标的实现。实现教育公平成为人工智能教育系统性发展价值的集中体现。

[①] 本书编写组:《马克思主义基本原理》,高等教育出版社2021年版,第52页。

二、人工智能教育需要关注人的需求

人工智能的发展归根结底的落脚点还是人。为了解决教育资源不平衡等突出矛盾和问题，人工智能的介入发挥了关键的作用。人工智能技术为解决现实的教育问题提供了便捷可操作的工具，也通过人工智能技术兼顾了教育资源的公平和效率。教育资源通过人工智能技术及大数据技术等非常迅速地进行传播和展示，为更多不能面对面接受教育的人，通过人工智能教育的方式实现资源共享。人工智能技术的成熟和广泛运用，为教育资源共享提供了技术支撑。

从技术发展的角度来看，人工智能的发展得益于科学技术在深层次的信息共享和信息互动，特别是在计算机技术与信息技术相结合的过程中形成的人工智能技术，对教育资源共享提出了更高的要求。在教育领域中人工智能的广泛运用也为技术的发展提供了广阔的空间，"人工智能（Artificial Intelligence）作为第四次工业革命的强大引擎正给全球各个领域带来前所未有的巨变。在教育领域，人工智能的全方位渗透激发了人们对未来学校的无限想象，更引发人们对未来学校的广泛热议"[①]。人工智能本身作为各种高端技术深度融合的产物，其所具有的技术属性和社会属性决定了其必须以共同推动教育的发展为根本目标。人工智能技术本身就是不断推陈出新并不断更新迭代的新技术；其社会属性是作为与人类使用最密切的技术，如果脱离人类的需要，这种技术也就停滞不前并最终消失，所以人工智能技术的发展就是以不断满足人类的需求为根本追求。

人工智能教育的发展就是在人工智能技术融入社会进程中，并不断满足人们的需要而实现的。人工智能教育中需要制定与教育发展规律相契合的决策，这就需要大量的数据来支撑和构建教育模型。在这一系列人工智能参与的教育活动中，教育数据的共享为人工智能技术在教育领域中发挥作用提供了重要的基础。人工智能教育是本身需要不同的参与者共同推动的一项伟大事业。在人工智能教育领域中既存在技术领域中的参与者，也存在教育领域中的践行者，两类不同的主体在推动教育发展中，只有将自身已有的关于本领域的信息准确地呈现给对方，这样才能实现二者有效的合作。这种合作也必

---

① 田友谊、姬冰澌：《人工智能时代未来学校的建设之道》，载《中国电化教育》2021年第6期。

然是建立的两类不同人群中构建起的相互信任、彼此依赖的数据共享型合作关系。人工智能时代的教育领域在充分运用万物互联的智能技术,重点打造基于信息资源共享的平台,并最终推动和实现将人工智能的虚拟世界与教育的现实世界走向一体化的结果。

按照马克思主义的基本观点,随着人类社会的不断发展,必然会产生新的社会形态。共产主义社会作为马克思主义最高理想的社会形态,在人工智能技术的介入下也会呈现出提前实现的可能。人工智能技术带领的信息共享或资源共享越来越成为社会发展趋势。在人工智能技术的参与下,不仅能够极大地提升劳动生产效率,而且更能够创造大量财富,并且减轻或免除原来由人力来完成的劳动任务。人工智能技术在这种极大的推动作用下,人与人共享的劳动成果也会越来越丰富。按照实现物质财富的极大丰富的理想,也将在技术参与下加速了实现的过程。当然,这种乐观估计也需要适当限制,毕竟劳动作为人的第一需要的客观存在,如果没有了劳动,人也将会出现新的异化现象。"马克思似乎没有预料到高科技高福利的全面解放很可能适得其反地导致人的本质异化,即失去劳动机会或者人工劳动失去意义会导致人的存在迷惑。假如未来人的生活就是在苦苦思考何以度日,那将是最具反讽性的生活悖论"[1]。因此,人工智能推动的教育也会呈现出这样的悖论——教育技术越发达,教育本真越容易消失。

"现如今,进入人机莫辨的智能时代,当智能机器在智力与体力上远超人类,人的全面发展对人本身的存在显得极为重要和迫切。基于此,我们必须注重人的全面发展,重申终身教育的思想"[2]。对于人类而言,人生的意义往往更具有根本性的影响。科学技术作为人类社会发展的重要标志,为推动世界进步发挥了极为重要的作用。但是,人类作为具有生物属性的物种,对于自然的亲近远远胜于对于技术的亲近。教育的目的为实现人的自身价值提供了一切可能,人工智能教育也是这样的目的。如果人工智能教育能够推动人与人直接的联系,而不是疏远人与人之间的联系,这也就成为人工智能教育最大的成功。

在人工智能技术参与的教育场景中,越来越多的人工智能虚拟现实

---

[1] 赵汀阳:《人工智能"革命"的"近忧"和"远虑"》,载《哲学动态》2018年第4期。
[2] 田友谊、姬冰澌:《人工智能时代未来学校的建设之道》,载《中国电化教育》2021年第6期。

(AI)技术得以运用。"虚拟现实技术、可穿戴技术、增强现实等智能技术已逐步进入教学领域并发挥作用,通过激发人的身体感官提升学习场景的在场感和真实感,让学习者沉浸在各式各样的虚拟情境中,延伸他们的身体功能,扩展他们的阅历体验"[①]。在一系列人工智能教育的参与下,受教育者的身体体验或心理感受能够为教育的发展提供技术支持,在这样的场景中必须彰显人的主体地位,而不能仅仅为了实现技术的功能而进行设定。

三、人工智能教育发展的历史视野

科学认识和客观评价一项技术是历史唯物主义给我们的重要启示。人工智能技术是在人类社会发展进程中出现的,具有重要影响力的关键技术。对于这项技术的发展,我们首先要放在较长的人类历史中去看待。人工智能这一概念自1956年在达特茅斯会议上提出至今,也仅仅是不到70年的时间。在这近70年中人工智能技术出现了几次高潮期和低谷期,低谷的时长相对而言更长。从历史发展来看,人工智能是否也会出现新的低谷期也未曾可知,但是,按照历史发展规律及技术发展的局限性,在将来的人工智能技术,由于各种原因所产生的低谷期也必然会到来。因此,我们在一定历史阶段内,充分发挥出人工智能技术的作用,为新的技术产生打下坚实的基础。

人工智能作为一项现代高科技技术,其与蒸汽机作为一项近代先进技术一样,在各自的时代里发挥着极其重要的作用。从这样的对比中可以发现,伴随着人类文明的发展,技术的迭代和更新也会在历史上的某个时段呈现井喷或爆发之势。这样的技术呈现方式必须用历史视野去看待,恩格斯指出:"无论历史的结局如何,人们总是通过每一个人追求他自己的、自觉预期的目的来创造他们的历史,而这许多按不同方向活动的愿望及其对外部世界的各种各样作用的合力,就是历史。"[②]我们人类在创造历史的过程中,应该具有宽广的历史视野。唯有此,才能不被短暂的技术成就蒙蔽了双眼。

我们用历史视野来看待人工智能技术的发展,也必须用历史视野来看待人工智能教育的发展。人工智能教育是在一定历史阶段发展进程中技术参与

---

① 孙田琳子、沈书生:《论人工智能的教育尺度——来自德雷福斯的现象学反思》,载《中国电化教育》2019年第11期。
② 《马克思恩格斯选集(第4卷)》,人民出版社2012年版,第254页。

下的教育,其发展也同样具有历史阶段性。"从某种程度来说,教育并非技术的领地,因为人工智能再发达,它所改变和重塑的只是教育的局部或边缘(如教育方式、教育环境等),而对于发展人性、守护人性无能为力,因此不能彻底改变教育,也不会改变教育的本质"①。从长远的历史视野来看,教育的发展依靠的还是人的参与,而不是技术的推动。脱离人的教育将失去教育的意义,失去技术支持下的教育还是教育本身。

当人工智能技术在教育领域中的广泛应用已经深刻改变了教育生态时,有必要对教育发展中出现的问题进行历史性的考察。将传统教育与现代教育中的教育方式、教育手段或教育技术进行纵向对比,从而从历史的对比中寻找到更加适合人类教育的方式。在大力推进人工智能教育发展的同时,必须高度重视人工智能教育可能带来的安全风险,要在历史发展的进程中看待人工智能技术的发展,从而确保人工智能教育能够安全、可靠和可控地发展。EDUCAUSE 机构于 2020 年 3 月 2 日发布的《2020 地平线报告:教与学版》将人工智能与扩展现实作为与教育契合度高,并有可能推动高校教学变革的重要动力②。通过对人工智能教育进行全球性和历史性的考察,来对人工智能教育的发展真正提出具有建设性的意见和建议。

第四节　人工智能教育亟待解决的基本问题

人工智能作为人类智慧的工具化形态,其发展速度和水平已经极大推动人类社会巨大变革。基于此,有必要从认识论意义上对人工智能的发展进行整体性衡量,也需要对业已达成的"共识"进行哲学反思。特别是对"技术至上"观念的反思,将成为对人工智能反思的逻辑起点,这也必将深刻影响到人工智能的发展速度和方向。人工智能与教育的深度融合为实现教育现代化提供了有力的技术支撑,但对两者深度融合过程中产生的新情况也需要引起高度关注——由"人际交往"转向"人机交互";由教育"具身性"转向人工智能"离身性"等。一系列新情况的出现必然引起人们关于人工智能与教育关系问题

---

① 于家杰、刘伟、毛迎新:《人工智能时代教师存在的价值》,载《现代教育技术》2020 年第 7 期。
② 刘永贵、刘瑞、包雅君、刘奇岳:《〈EDUCAUSE 2020 地平线报告〉解读:信息化加速教学创新》,中国教育和科研计算机网,http://www.edu.cn/xxh/yc/202005/t20200519_1728118.shtml。

的重新思考,必须重新思考"人"作为人工智能与教育的主体地位,这为可能解决人工智能与教育关系问题提供了一把可能的钥匙。

一、"技术至上"对人工智能赋能教育带来的影响

人工智能是科学技术发展的必然产物。工具(或技术)的发明和使用是人类最伟大的成就之一。在科学推动下形成的先进技术已经成为人类的基本生存方式。技术作为工具的原初知识形态,并已经构成人的生活世界的绝大部分。环顾人类生存的环境,无处不在的技术已经成为影响和制约人类自身发展的关键力量。由人工智能、大数据、生命科学、物联网等一系列科学技术所带来的生物、物理、网络的链接形态,共同推动了第四次工业革命快速到来。第四次工业革命作为人类社会新的发展契机,如何正确面对科学技术带来的风险和挑战成为必须高度关注的方面。对由于人工智能技术的迅猛发展所带来的深刻社会变革而言,有必要对其运行方式及发展方向进行理性分析,从而更好地规制人工智能技术伴随的不良倾向。

人类社会从低级到高级的发展过程中,革命性技术起到了至关重要的作用,特别是生产领域中革命性技术的广泛应用,成为社会发展的决定性力量。马克思指出:"手推磨产生的是封建地主的社会,蒸汽磨产生的是工业资本家的社会。"[1]革命性技术的出现极大地推动了生产力的迅猛发展,也成为社会进步的显著标志。人工智能作为科学与技术高度融合的必然产物,已经急速融入生产生活的方方面面,并发挥着越来越突出的作用。人工智能作为第四次工业革命中具有革命性的技术,已经成为推动社会发展的关键力量。人工智能作为科学与技术高度融合的产物,为人类社会在技术革命与社会进步提供了坚实的技术基础。

教育的发展得益于人工智能的广泛应用。中共中央国务院印发的《中国教育现代化2035》提出:"互联网、人工智能等新技术的发展正在不断重塑教育形态,知识获取方式和传授方式、教和学关系正在发生深刻变革。"[2]教育现代化是教育发展的必然选择,人工智能在教育领域中的广泛应用为实现教育现代化提供了坚实的技术支撑,教育现代化必须以教育技术现代化为基础。"人

---

[1] 《马克思恩格斯文集(第1卷)》,人民出版社2009年版,第602页。
[2] 中共中央、国务院印发《中国教育现代化2035》,http://www.moe.gov.cn/jyb_xwfb/s6052/moe_838/201902/t20190223_370857.html.

工智能教育颠覆了传统的教育理念,其对教育的赋能,使人们对未来教育充满美好期待"[①]。教育形态与教育技术有着密切关系,教育现代化既有对传统的教育方式的延续,也有基于现代教育技术创设新教育形态——慕课、微课、翻转课堂、直播课堂等。人工智能等新技术为教育发展提供了各种教育场景,为网络原住民——"Z世代"学生群体提供了更易于接受的教育方式,满足了"Z世代"学生群体对教育的个性化需求。

传统教育向智慧教育转变的根本动因,就是以人工智能、大数据等为代表的新技术的广泛运用。人工智能在教育领域中的广泛应用,直接催生了诸多学科和专业与人工智能的深度结合,并形成了智慧型和智能型教育新形态。"就像计算机一样,人工智能可能在未来的许多领域中都会成为需要掌握的基础技能"[②]。教育为人工智能提供广阔的实践场景,人工智能为智慧教育注入新动力。"人工智能赋能教育管理将从技术和社会关系层面促进传统教育管理的变革,从行政效率方面提升教育管理水平和教育治理时效。在技术层面,人工智能赋能教育以大数据、学习分析、区块链等智能技术集为基础,构建学校教育管理的'智能化富生态'"[③]。无论是管理层面还是技术层面,人工智能的广泛应用为"Z世代"学生良好的教育效果提供了可能。教育本身是一个系统性工程,人工智能融入教育管理、教育环境、教育环节等为提升教育效果、引发教育的全局性变革也打下了基础。

要警惕"技术至上"带给教育的不良倾向及后果。科学技术带给人类社会的进步是显而易见的结果,特别是随着更新迭代的科学技术的涌现,其先后推动人类社会产生了四次工业革命,给人类带来了光明的前景和无限可能的机遇。认识的发展基于实践的基石,人类对科学技术的认识同样也是建立在科学技术不断发展的基础上。马克思关于"科学技术是生产力"的观点,是对科学技术与生产力的关系问题进行的高度凝练和集中概括。1988年9月5日,邓小平同志在会见捷克斯洛伐克总统胡萨克时提出了"科学技术是第一生产力"[④]的重要论断。党的二十大报告中继续强调"科技是第一生产力、人才是第

[①] 申灵灵、卢锋、张金帅:《超越莫拉维克悖论:人工智能教育的身心发展隐忧与应对》,载《现代远程教育研究》2002年第5期。

[②] 戴琼海:《人工智能教育:通识与专业》,载《清华大学教育研究》2022年第3期。

[③] 兰国帅:《指向教育数字化转型的人工智能教育风险审视——UNESCO〈人工智能与教育:政策制定者指南〉要点与思考》,载《阆江学刊》,https://doi.org/10.13878/j.cnki.yjxk.20221206.001。

[④] 《邓小平文选(第3卷)》,人民出版社1993年版,第274页。

一资源、创新是第一动力"①的重要方针。这一系列重要观点和论断集中反映出人类在对待科学技术的认识中始终坚持的唯物主义观点。

唯物主义与辩证法的有机结合是马克思主义最基本的观点,也是马克思主义正确认识世界的根本前提。辩证唯物主义的认识论和实践观,为我们正确认识科学技术的作用提供了重要的思想基础。科学技术作为第一生产力,在推动经济社会发展中发挥了特别巨大的作用,但也要辩证地看待科学技术带来的一些负面影响,从而尽量避免。在科学技术服务人类社会中逐渐形成"技术至上""技术万能"等思想,十分有必要谨慎对待。

人类社会进步的关键力量是来自科学技术的进步,在这种情形下,"技术至上"观念已经深刻影响到社会发展方向和进程。特别是伴随着第四次工业革命的到来,人工智能、大数据等新技术的大量涌现从根本上改变了人类的生产方式和生活方式。如果缺失辩证观点来看待人工智能技术对人类社会的影响,而一味地追求"技术至上"带来的胜利和狂欢,不久的将来人类也许会为今天的胜利和狂欢感到悔之晚矣。在教育领域中奉行"技术至上"的观点,必将给教育规律带来严重破坏,也将严重影响到教育效果。因此,必须高度警惕"技术至上"带给教育的不良倾向及后果。

教育本身的规律性来自对人的培养,教育中形成的教师与学生的关系才是教育的关键,而人工智能作为教育的重要辅助手段或工具,只能以教师与学生的相互成长为出发点。"人工智能教育依托算法对学校管理、教师教学、学生学习的过程进行量化分析,其所使用的信息多是教育对象或教育现象的浅层数据,而并非是能反映教育本质的深层数据"②。虽然人工智能技术可以协助教师进行教学管理,并解放教师的重复性教学工作,但是教师身份特征及学生身份特征不应该因为人工智能技术的介入而产生根本性改变。

教育技术改革的前提是教育发展,而当下有些学者或官员在对教育规律不进行深入研究的前提下,就贸然采取"一刀切"的方式来推动教育现代化之路,这本身就是十分危险的举动。"一切皆可计算"的算法崇拜伴随着"技术至

---

① 习近平:《高举中国特色社会主义伟大旗帜 为全面建成社会主义现代化国家而团结奋斗——在中国共产党第二十次全国代表大会上的报告》,人民出版社2022年版,第33页。
② 冯永刚、赵丹丹:《人工智能教育的算法风险与善治》,载《国家教育行政学院学报》2022年第7期。

上"应运而生的,特别是将"技术至上"观念用于教育领域,将会带来更加严重的后果,因为教育本身就是"人成为人"最为关键的领域。通过人工智能技术的电子产品学习与采用传统书写学习的学生,学习效果孰好孰坏仍然是未知的情况下,一味地鼓吹电子学习产品的优势,往往以生产学习工具的商家为实现获取更多利润的目的。除此之外,教育技术带来的数字鸿沟、技术滥用、隐私泄露以及数据安全漏洞等问题,都给人工智能教育的广泛应用带来了风险与隐患。例如,人工智能介入教育领域后,教育培养过程的形式化、同质化日趋严重。人工智能推动学生培养中仅仅是提供了丰富的"大脑"功能,但却严重缺乏"小脑"功能的锻炼,也就是说人工智能只是提供了"智"方面的可能,而严重缺乏"德、体、美、劳"的全面教育。人工智能赋能教育中提高效率的同时,也会伴随着负面结果的产生,例如,以人工智能赋能查询研究论文的重复率,大大提高了研究论文的规范性质量,但是也会非常生硬地改变研究论文的整体性结构,导致的结果就是研究论文规范性质量受限于冰冷的"智能比对"后,研究论文的整体质量也会呈下降趋势。

二、"教育为本"是人工智能赋能教育的根本遵循

"人际交往"向"人机交互"的转变会造成教育主体的缺位。由"人际交往"转变为"人机交互"带来的问题。随着人工智能技术在教育领域中的广泛应用,教育过程中的"教师—学生"型的教育模式逐渐被"教师—智能设备—学生"型的教育模式代替。在教育领域中的主体也发生着新变化,不仅由"教师或学生"的"单一主体"向"教师+学生"的"双主体"转变;伴随着人工智能技术全方位融入教育领域,"智能设备"作为第三个虚拟主体也应运而生。

在这种情况下,教师与学生的面对面交流机会往往被"智能设备"这一"代理(agent)"所取代。人工智能的介入真正引起教育的变革,从传统的"三人行必有我师"到现代的"无师自通"。这种转变为传统教育带来了前所未有的挑战,由传统的教师与学生之间通过面对面的"人际交往"形式,转变为教师将知识信息输入人工智能设备,学生通过智能设备自行开展学习的"人机交互"形式。将这种"人机交互"形式作为教学辅助形式带来的影响不大,但是,如果让"人机交互"代替"人际交往"的教学模式,必然带来巨大的负面后果。

首先，教育本身就是必须由人参与完成的活动，再先进的人工智能算法也不能复制"情感交流、眼神互动、肢体感受"这些关于情感的体悟。人工智能虽然能够带来教育效率的提升或教育场景的延伸，但是却不能带给教育自身所具有的情感价值；其次，将教育工具（智能设备）作为教育主体看待，必然带来对教育主体认识的混乱，教育工具代替教育主体，必然将教育主体本身的作用不断降低；最后，在教育领域，往往存在过度依赖人工智能技术的倾向。学校教育对教育技术的重视程度，往往比对教育内容更大，产生了过量使用教育技术的情况，从而导致了过分吹捧人工智能技术在教育领域发挥突出作用的"唯技术论"。正如马克思在《1861—1863年经济学手稿》中指出："操纵机器的工人所完成的这些动作的特点，是它们的被动性，它们对机器本身的作业和运动的适应性和从属性。"[1]人工智能技术广泛应用于教育领域也会带来教育领域的被动性，往往也会使受教育者成为人工智能技术的附庸。

教育"具身性"与人工智能"离身性"之间具有张力。教育的"具身性"与人工智能的"离身性"将成为人工智能与教育之间的无形鸿沟。教育的"具身性"是指受教育者将自己身心置于教育培养的全过程，以"身临其境"的方式来实现对知识和能力的习得。人工智能的"离身性"是指人工智能使人自身的参与性大幅下降，在教育领域中表现为受教育者在获取知识和能力的过程中往往脱离身心体验的一种状态。教育领域中人工智能介入后，不再强调受教育者实际参与到教学实践环节，而仅仅是用虚拟体验的方式来完成教育教学活动。在科技高速发展的当下，只用充分发挥出传统教育"具身性"优势与人工智能教育"离身性"长处，缩小两者之间存在的张力，才能真正实现当代教育领域的大发展。

如果学习过程脱离自身条件，必然带来对知识和素养的陌生感体验。如果强行要求将人工智能作为推动教育发展关键标准或方式，最终也会导致人工智能作为"无感"主体的存在，这种"无感"学习体验必然注定与教育本身的"具身性"相背离。人工智能的"离身性"表现与教育的"具身性"需求之间存在的张力，会引发人的身心发展的健全性缺失。当教育过分依赖智能设备时，教育便异化为无实体交往"离身性"状态，身体的自我感知走向虚拟存在，留下的只是"缸中之脑"。教育过程不仅仅是知识传递，还有情感交流、道德培养、心

---

[1] 《马克思恩格斯全集（第37卷）》，人民出版社2019年版，第154页。

灵沟通等人工智能设备无法满足的隐性需求。教育作为实践活动,其本身就是一种身心活动,更是一种体知活动。教育活动中脱离人的"具身性",必然带来不可预见的负面后果。

人工智能在教育中作为一项越来越广泛运用的技术,往往通过"智能设备"实现与"教育者"和"受教育者"的联系。人工智能技术在学习领域中的广泛应用,主要以完成特定的教学任务为出发点。教育的目的不仅仅是完成一道数学题还是完成一套语文试卷,而是在教育过程中能够切实将受教育者培养成为德智体美劳全面发展的人。人工智能技术虽然能够精准地识别教育者或受教育者在学习过程中的缺陷和不足之处,但是发现的缺陷和不足仅仅是对个性学习提供了一定的依据,而不是彻底解决教育中问题的根本答案。人工智能的"离身"学习往往会使受教育者自身的体悟和感受缺位,教育者借助智能设备非常迅速地把解题方案或答案通过智能设备显示出来,而不用具体关心教育的过程性考量。受教育者在这一过程中只能充当智能设备执行者的角色,在这样的过程中学生身心培养往往被严重忽视,从而造成二者之间存在的张力越来越大的现状。

"教育为本"是人工智能赋能教育的根本指针。卡尔·雅斯贝尔斯强调:"教育首先是一个精神成长的过程,其次才是科学获知的过程。"[1]知识性内容的学习如果成为教育的首要目标,必然会从根本上影响到受教育者获得完整教育的可能,教育中广泛采用的先进教育技术同样也必须遵循这样的要求。在人工智能赋能教育是教育发展的大趋势下,也必须高度重视教育本身的要求,这是教育的出发点和落脚点。"教育为本"是一切现代教育技术广泛运用的根本指针,如果没有对教育自身规律的深刻把握,现代教育技术如人工智能等在教育领域中就会出现"无源之水,无本之木"的状态。

教育事业的核心是如何培养全面发展的人,而不能用人工智能等现代教育技术将教育产业化,从而违背教育的初衷。教育事业是由教育者和受教育者共同建立的教育共同体,这一教育共同体中是通过营造的学习内容、学习环境、学习介质、学习手段等方式共同构筑起来的。在教育共同体中,受教育者可以获得情感上的"关心""关爱""信心""希望"等,这是人工智能等现代教育

---

[1] [德]卡尔·雅斯贝尔斯:《什么是教育》,童可依译,生活·读书·新知三联书店 2021 年版,第 29—30 页。

技术不能提供的。因此,所有一切教育技术都是辅助手段,仅仅是为教育提供更有效率的学习交流渠道和方式。

马克思指出:"在我们这个时代,每一种事物好像都包含有自己的反面。我们看到,机器具有减少人类劳动和使劳动更有成效的神奇力量,然而却引起了饥饿和过度的疲劳。……技术的胜利,似乎是以道德的败坏为代价换来的。随着人类愈益控制自然,个人却似乎愈益成为别人的奴隶或自身的卑劣行为的奴隶。"① 人工智能技术也充分反映了马克思关于技术在人类生活中自省式的深刻论断。从1956年正式提出"人工智能"这个学科算起,人工智能技术仅有60多年的发展历程,在这60多年的历程中,人工智能的发展还经历了几次较大的起伏波动,直至最近10年,随着电子计算、网络技术和通信技术的迅猛发展,并以"深度学习"为开端的人工智能新阶段到来,人工智能技术才取得长足的发展,成为一门广泛的交叉和前沿科学。

尽管人工智能在计算能力等方面远超过人脑功能,但它却难以提供教育过程中教育者与受教育者之间必备且随时变化的情感、直觉、灵感等生物性能力。"随着'一切皆可计算'的算法崇拜在教育领域的蔓延,教育不断被算法化和编码化,算法日益成为教育权威的代名词"②。"在算法时代,教师正成为教育内容的消费者,而不是教育内容的创造者,教师依靠算法决定传递何种教育内容、采取何种教育方式,其教育行为受算法的调节和限制,可能会被导向固定路线,就像演员只能照剧本表演一样"③。人工智能赋能教育,会带来学习方式的彻底性改变。这个改变的趋势,就是通过智能设备,让教育者和受教育者之间越来越便利化,同时也会伴随带来教育对人工智能技术过度依赖的问题。智能设备不仅会发展成为身体不可分割的一部分,甚至会反客为主对人进行隐性操纵和重新塑造,甚至可以大大降低受教育者的自身学习能力。"缺乏长期教育实践作为证据的人工智能教育应用,尚未得到系统性检验。产生的结果只能是加重而不是缓解有待解决的问题"④。因此,我们采用人工智能赋能教育中,必须坚持"教育为本"的根本指针,唯有此,才能发挥人工智能应有的正面作用。

---

① 《马克思恩格斯文集(第2卷)》,人民出版社2009年版,第580页。
② 谭维智:《人工智能教育应用的算法风险》,载《开放教育研究》2019年第6期。
③ [美]卢克·多梅尔:《算法时代》,胡小锐、钟毅译,中信出版社2016年版,第126页。
④ 张进宝、李凯一:《中国人工智能教育研究现状的反思》,载《中国电化教育》2022年第8期。

人工智能与教育现代化

三、"人"是解决人工智能与教育深度融合问题的钥匙

人工智能赋能教育必须关注"人"的主体地位。"人"是教育中最具能动性的主体力量。教育的根本目标就是通过"教育"来实现"成为人"这一根本目标。人在教育中不仅仅是被动接受知识传授,而且能够将知识融入主体性的理解,并形成对已有知识的重新认识和思考。教育是一项人类自身延续发展的必然事业,也是不断将主体性认识和理解发挥到最大限度的唯一途径,只有通过教育,才能将涌现的人类知识转化为精神财富和物质财富。这一财富创造过程中"人"始终居于主体地位,起着支配和影响的关键作用。

人工智能赋能教育必须以"人"的需要为根本出发点。伴随着现代科学技术的迅猛发展,教育技术也呈现出前所未有的发展速度,给教育领域带来了颠覆性的体验——慕课、微课、翻转课堂等。教育技术的发展也促进了人在教育中需求的多样化,不仅仅是知识传授型及互动型教育方式,而且还会呈现出智能翻译、智能测评、智能搜索等新型教育方式。"教育因'人'而复杂,并非全部能够物化为数字模型,使用算法将教育进行完全量化与预测的做法,势必会背离教育的动态性、多元性特质,造成一定的算法风险"[①]。一系列人工智能带来的教育新问题必然需要从根本上予以解决,解决的出发点就是"人"。"无论技术如何发达,都不能将身体从教育中剥离。技术始终要服务于人类,而不是消解人类,这是最基本的伦理原则"[②]。人工智能赋能教育同样适用这一伦理原则,人工智能是为教育服务的工具,而不是取代教育的手段。

"人"的主体地位,在先进教育技术的推动下必将更为凸显。先进的技术不等同于先进的教育,我们在追逐技术前沿的同时也应冷静、理性地审视人工智能赋能教育所存在的问题,正确认识和把握"人与机器""人工智能与教育"之间的关系。人工智能赋能教育应该带来的新变化,必须是以人的可持续发展需求为标准,而不能用先进技术消解"人"的主体地位。突出"人"的主体地位就必须将教育领域中的过度人工智能倾向予以及时纠正,从而避免由于人工智能介入而导致人的思维惰性,以及产生思维方式被异化的可能。人作为

[①] 冯永刚、赵丹丹:《人工智能教育的算法风险与善治》,载《国家教育行政学院学报》2022年第7期。
[②] 申灵灵、卢锋、张金帅:《超越莫拉维克悖论:人工智能教育的身心发展隐忧与应对》,载《现代远程教育研究》2022年第5期。

主体性的需要,必须是作为主体性需要的"真实",而不是人工智能提供的"虚拟现实"。

人工智能赋能教育必须充分考量"人"的主体差异性。教育的最大的特点就是"因人而异",在教育过程中受教育者自身的成长环境、学习经历、个性特征对教育过程均有较大影响,因此,优秀的教育者在施教过程中往往会将受教育者的各种因素予以充分考量,从而制定符合个性发展的教育方式。人工智能作为一种现代教育技术,最突出的表现就是提升教育效率,通过提供通用型教育模板为人工智能赋能教育提供最为便捷的手段。但是,这样的结果往往会忽视受教育者的个性需求,忽视作为独立个体的"人"所存在的主体差异性。

教育不能是只关注效率,更应该关注对人的影响。卡尔·雅斯贝尔斯指出:"教育是人的灵魂的教育,而非理智知识和认识的堆积。"[①]教育既有知识的延续,更有精神的传承,教育在人类文明延续中具有巨大推动作用,这种推动更源于教育精神的传承。精神传承的关键就是使受教育者能够通过教育过程,成为真正的"自己",并能够真正"认识自己",而不是在现代教育技术下迷失了自己。人工智能作为现代教育技术的重要方式,仿佛是一只"黑箱",当教育者和受教育者身处其中时,却看不清自己真正需要,往往受到智能设备的牵引而随波逐流。"教育参与者在'黑箱'效应的遮盖下,一知半解地按照算法既定结果亦步亦趋,教育的自主性正在逐渐被隐形消解"[②]。这样的结果往往是以忽视了"人"的主体的差异性为代价。

"人的机器化"是人工智能带来最直接的后果,将人工智能渗透到教育的各个环节,目的就是使人的思想和行为更加符合人工智能所设定的基本框架。这样最大的弊端就是抹杀"人"的个性发展,将"人"作为教育工序的一个产品。因此,我们必须正视人工智能赋能教育所带来的问题,避免过度依赖人工智能。而应根据不同"人"的不同需求,提供丰富多样的教育方式及教育内容,从而全面重视人的生命质量和生命价值。

关注"人"的需求是解决教育领域莫拉维克悖论的根本之途。人工智能技术在教育领域中广泛应用,已经深刻改变了教育形态;教育形态的改变也深远

---

① [德]卡尔·雅斯贝尔斯:《什么是教育》,童可依译,生活·读书·新知三联书店2021年版,第4页。
② 冯永刚、赵丹丹:《人工智能教育的算法风险与善治》,载《国家教育行政学院学报》2022年第7期。

人工智能与教育现代化

地影响到"人"的需求。人工智能介入教育后产生了一种十分明显的变化——"亦步亦趋"的需求。"人"的需求变成了人工智能设定的编码,作为教育者和受教育者的"人",似乎根据人工智能设定的"正确参数"或"正常阈值"顺利地完成既定的教育目标就算完成任务;而不会考虑人工智能自身所包含的局限性,更不会考虑"人"作为主体所应该具备的能动性。人工智能在教育领域发挥作用的同时,也会伴随着日渐清晰的"莫拉维克悖论"现象出现。莫拉维克悖论①(Moravec's Paradox)是指"让计算机在某些任务上表现出成人的智力水平是件很容易的事情,如智力测试或玩跳棋,但是让其获得哪怕是一岁儿童的某些能力,如感知和运动,却是极其困难甚至是不可能的事情"②。

尽管说人工智能在计算能力、统计能力、运行速度等方面远超人类大脑,但却很难从人的直觉、判断、联想等方面发展出与人类相类似的生物学特性。人工智能在人类较为普遍的简单行为方面却往往不能有较大突破;人工智能模仿人类"大脑"并实现了某些功能超越了人类"大脑";人工智能却不太容易模仿人类"小脑",从而实现类似人类基础性行为,这些都可以被称为莫拉维克悖论现象。在教育领域中这种现象亦需要特别关注,教育不仅要关注促进人的智力发展的"知识型教育"内容,更要关注促进人的身心全面发展的"行动性教育"内容,因为教育要实现的是培养全面发展的复合型人才,而不是仅仅具备较高知识储备的单一型人才。

教育领域中过度依赖人工智能带来的效率,往往会忽视教育本身的规律性需求。"面对智能技术为教育发展带来的便利和机遇,人们往往过于迷信于技术进步,甚至逐渐将技术视为一种机器神话。但莫拉维克悖论启示我们,再先进的人工智能也是将人降格为物,无法与师生进行有温度的交流,这违背了教育的精神"③。因此,在教育领域必须全面、系统地运用人工智能技术,而不仅仅是选取"最有效率"的人工智能,而是应该选取最能够满足人的全面发展需要的人工智能。

总之,在人工智能赋能教育的过程中,必须辩证地看待人工智能为教育带

---

① 在机器人的发展中出现了一个与人们常识相左的现象:让计算机在智力测试或者下棋中展现出一个成年人的水平是相对容易的,但是要让计算机有如一岁小孩般的感知和行动能力却是相当困难甚至是不可能的。这便是在机器人领域著名的莫拉维克悖论。
② H. Moravec, Mind Children, Cambridge, MA: Harvard University Press, 1988: 15.
③ 申灵灵、卢锋、张金帅:《超越莫拉维克悖论:人工智能教育的身心发展隐忧与应对》,载《现代远程教育研究》2022 年第 5 期。

来的利弊得失。人工智能的迅猛发展是科学技术革命在人类社会中广泛应用的结果。人工智能赋能教育是教育发展的大趋势,也是人类社会发展的必然结果。我们必须用更加主动的精神迎接这种新变化,并采用不同的人工智能技术为不同的专业教育提供服务,如人工智能翻译设备如何在语言学习中发挥更大作用,智能虚拟仿真实验设备如何在风洞试验中发挥作用等。

同样,我们也必须从消极方面考察人工智能带来的负面影响。无论是摒弃"技术至上",还是"教育为本",抑或是关注"人"的主体地位;这些都是让人工智能技术能够切实为教育服务开始的新认识。这些新认识会为人工智能的发展方向和速度设置引导和预警机制,从而更好推动人工智能技术为教育的健康发展赋能。人工智能与教育的关系需要从技术适应和主体回归两个层面来看待,对待人工智能赋能教育的态度上,"取用"比"全盘应用"更符合教育规律。"人工智能的成功并不是取代人,并不是让人工智能和人类智能打擂台,而是二者紧密联合在一起带来的成功。这也为智能教育的发展带来了深刻的启迪"[①]。在第四次工业革命时代里,人工智能与教育关系只有使用者用智慧和实践才能真正实现二者的最优解。

---

① 徐蓓:《智能教育,人工智能皇冠上的"明珠"》,载《解放日报》2022年9月23日,第10版。

第三章 人工智能在教育现代化中的理论探索

第一节 人工智能在教育现代化中的本质和目标

一、人工智能在教育现代化中的本质

随着人工智能与教育融合的推进,一个困扰人们已久的问题凸显:既然人工智能如此智能,是否会超越教育存在,最终消灭教育,消灭人类。融合论认为,机器没有消灭人类的动机,而机器所具有的优点应该被充分地与人类当前的优点相结合,形成新的智慧文明形态①。因此,我们在承认人工智能重要性的同时,亟须认识到人工智能不可能也没必要消灭人类、消灭教育。教育之所以称之为教育,是由教育的本质决定的。教育本质是一种培养人的活动,其最终目的是实现人的全面发展。因此,在人工智能与教育进入深度融合的阶段,应超越物质层面即技术层面,走向精神层面即人文精神,回归教育本质。无论"教育+人工智能"怎样发展,人工智能在教育领域如何应用,教育的最终目的就是服务于人,而不是服务于机器;无论人工智能教育如何发展,都不能脱离培养全面发展的人这个本质。

当然,人工智能教育是教育结构性现代化变革,呈现出以下四个不同于传统教育结构的本质特点。

1. 开放化

智慧教育阶段实现教育资源的共建共享,人们在任何时间、任何地点都能获得自己想获取的知识,真正实现教育无时不在、无处不有。教育资源的开放促进教育公平的实现。教育资源失衡一直是困扰教育公平的一个重大问题,

---

① 何哲:《智慧的本体与本体的智慧——人工智能时代的元问题及人类未来》,载《电子政务》2018年第3期。

人工智能、大数据的出现可以极大地优化教育资源配置,确保优质教育资源的共建共享。以往优质的教学资源往往局限在东部沿海地区、城市地区及重点学校内,存在优质资源流动性差,不同地区、不同学校教育资源分配失衡的问题,间接造成教育不公平。互联网、大数据的产生,尤其是位于人工智能底部支撑的互联网,将教育资源整合为数据,数据完全可以打破空间、时间的限制,将学校、区域之间的壁垒打破,实现教育扁平化发展。人们借助智能化终端设备,随时随地可以获取优质的教育资源,并且还能实现优质教师资源的共享。确保优质资源跨越时间、空间、地域流动、共享,促进教育公平的实现。

2. 智能化

在人工智能教育阶段,构建智能教学新生态,智能教学生态系统是实现个性化教学的必经之路。人工智能与教育的融合最后要落脚到教学模式创新应用上。以往传统教育模式难以适应信息社会对于教育的需求,智慧教育的核心就是实现学生的个性化学习,这要通过创新教学模式来实现。伴随信息空间的出现,深度学习、教育大数据等技术的不断成熟,智慧校园出现,使智适应学习成为可能。借助智慧校园,智适应学习系统对学习者进行全程跟踪,深入、全面获取教育数据,借助教育大数据智能识别学习者对于知识、技能的掌握情况,判别学习者的学习方式,为学习者量身定制学习计划,针对学习者需求,提供智能化的指导。智适应学习使学生个性化学习成为可能,这种个性化学习是一种大范围的个性化学习,这是智适应学习对自适应学习的超越。

3. 一体化

在人工智能教育阶段,由"教师的教"变为人机一体化开展教学,未来进入人机共教阶段。教师不仅要具有专业知识、教学能力,还要具备与机器和谐相处开展教学的能力。教师角色面临着人工智能带来的挑战,正如雷·克利福德(Ray Clifford)所言:"科技不能取代教师,但是使用科技的教师却能取代不使用科技的教师。"[1]人工智能时代,教师功能发生巨大变革:全面评价学生已有知识、能力、开展个性化教学、出题和批阅作业以及评判学生的综合素质、规划学生生涯发展,这些功能的实现需要基于大数据,由教师和机器协作完成。教师功能变革导致教师角色的变化,简单、机械的教学活动由机器来完成,复杂的教学任务、情感性教学目标由教师来完成。新时期教师角色为测评分析

---

[1] 林命彬:《智能机器的哲学思考》,博士学位论文,吉林大学,2017年,第21页。

师、智能导师、助理教师、指导教师、生涯规划师,一人具有多个角色,形成智慧教育阶段教师的功能和角色框架(如图3-1所示),进入人机协作教学阶段,体现未来教师功能和角色。

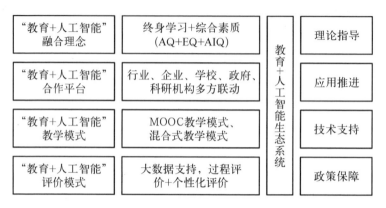

图3-1 智慧教育阶段教师的功能和角色框架

4. 多元化

人工智能时代需要学生具备多种能力。进入信息社会,人工智能技术应用极大地变革了生产方式和人们的生活,进入人工智能时代,这一时期的居民不同于农业社会、工业社会的居民,伴随着电脑、手机等智能设备及人脸识别、语音识别等技术的广泛应用,人们的生活方式及学习方式发生巨大变革,对于人的能力也提出了新的需求。在农业社会,需要大量从事体力劳动的农民,仅需要具备一定的知识素养即可。在工业社会,产业革命的兴起,机器的广泛运用,需要大量的与机器、与人打交道的产业工人。因此,不仅需要知识素养,更多的需要能力素养,掌握使用机器的技能、培养与人沟通、协作的能力。到了人工智能时代,要培养兼具知识素养、能力素养、数字素养的智慧型人才。学会适应人工智能的出现,掌握人工智能技术,培养与人工智能协作的能力,也就是具有数字素养,这是人工智能时代智慧型人才的新需求。因此,人工智能在教育现代化中呈现出多样化的趋势①。

二、人工智能在教育现代化中的目标

开展人工智能教育需要有明确的目标定位,即正确理解教育对象的需求,

---

① 徐晔、黄尧:《智慧教育:人工智能教育的新生态》,载《宁夏社会科学》2019年第3期。

据此提供何种教育服务。目标定位研究涉及核心价值主张、教育主体需求的理解以及教育内容价值的认定。选择正确的目标定位是实施成功教育的重要一步,也是评价教育价值的依据。目标定位的确立,直接影响人工智能在教育现代化中的实施策略与思路。

(一)人工智能教育的核心价值主张

明确人工智能教育的核心价值主张是获得受教育者认可的关键。狭义的人工智能教育将人工智能技术作为学习内容,无法吸引最广泛的人。广义的人工智能教育强调提升个体智力与能力,本质上是提升人解决问题的思维品质与实践能力,最高目标是发展人的智慧。因此能够覆盖绝大多数的学习者,这种价值主张容易获得教育用户的认可。

人工智能在教育现代化中应旗帜鲜明地将提升个体智能作为最重要的价值主张。信息时代到来以后,决定教育形态的三大因素(生产力与生产方式的发展水平、人类认识能力的发展水平、教育自身的发展水平)都已经发生了质的变化。以发展受教育者的思维能力为核心的思维教育,被认为是继信仰教育、知识教育之后信息时代的教育形态[1]。社会对教育产生了完全崭新的要求,开发人脑的信息加工功能、培养具有创新能力的新型人力资源成为核心,这是知识教育所不能胜任的。心理学研究表明,智力是由思维、感知(观察)、记忆、想象、言语和操作技能组成。而智力的内容是思维的对象,其形式总是表现在各种学科能力之中[2]。由此可见,人工智能教育智力的开发与能力的培养,其核心是思维技巧的培养。

人工智能教育注重基于学习知识开展高级认知思维的过程,是促进学生深度学习与能力提升的有效方式。人对世界的认知可以分为三个层次:经验、知识和智慧。经验和知识是能够表述的,可以认为是实体。存储在大脑中的知识是观念形态的,存储在书本或其他实体上时则是物化形态的[3]。不论是观念形态的还是物化形态的学科知识,都是开展跨学科教育活动、发展思维和提升智力的重要基础。而智慧(智能的高级形态)则潜藏于经验和知识之中,

---

[1] 胡弼成:《论教育形态的变革——思维教育简论》,载《高教探索》2008年第5期。
[2] 李庆安、吴国宏:《聚焦思维结构的智力理论——林崇德的智力理论述评》,载《心理科学》2006年第1期。
[3] 史宁中、柳海民:《素质教育的根本目的与实施路径》,载《教育研究》2007年第8期。

由经验与练习习得,属于"德才兼备"的综合心理素质[①]。合理的跨学科思维活动则能显著激发知识的加工,在往复循环的知识运用于智力活动过程中,经验、知识与智慧均能得到不断更新与深化。

持续提升数字素养与学习能力不仅为提升个体智能做好技术保障,也是个体参与智能化实践与综合思维运用的重要形式。

推动教育手段的智能化不应成为人工智能教育的核心价值。即使人工智能是智能教育的重要内容,但首先需要强调的是人工智能的思想,而非特定的人工智能技术。虽然人工智能水平会不断进步,变得越来越"聪明",但由于它们自身缺乏创造性和道德性,是永远不可能有智慧的。从这一个意义上来说,应强调学习人工智能的本质而非机器的智能,目的不是要让人具备机器的智能,这就如同工业时代教授人们学会使用机器,以便能够更好地利用机器为我们服务一样。此外,工具手段的智能化或许会对学习进程产生积极的影响,但人类智慧的提升则不能完全依赖手段来实现。

(二) 人工智能教育的关键思维培养

当前计算机的应用已经遍及全社会,人们越来越多地依赖计算机作为分析和解决问题的工具。在这个过程中,最重要的不是如何解决问题的具体技巧,而是首先需要把问题转化成能够用计算机解决的形式,而后才是有效运用各种技术构造解决方案。这已成为全社会成员都必须具有的基本素质,这也正是计算思维培养所强调的内容。学会使用计算思维的基本方法解决问题,以及学会具体解决问题的技术,二者相比显然前者更加重要。

计算思维包括一系列计算机科学的心智工具与概念,可被用于解决问题、设计系统和理解人类行为,构造基于计算机的自动化方案。计算思维的要素相当丰富,包括计算机科学中经常见到的计算概念、原理、方法、语言、模型和工具。计算思维被认为是与面向所有儿童的数学、语言和逻辑推理同等重要的能力。人们日益认识到,计算思维(不仅仅是计算)已经开始影响和塑造许多学科的思维(例如地球科学、生物学和统计学),不仅可以使其他科学家受益,也可以使其他人(例如银行家、股票经纪人、律师、汽车修理工、销售人员、医疗保健专业人士、艺术家等)的工作受益,支撑着各个领域的发展。

---

① 汪凤炎、郑红:《品德与才智一体:智慧的本质与范畴》,载《南京社会科学》2015年第3期。

广义的人工智能教育不仅包括计算思维教育,还整合了设计思维、工程思维、数学思维等其他领域的思维,特别是人工智能思维,因其独特性而被认为有超越计算思维之处[①],成为智能教育的独特需求。

人工智能教育通常是使用逻辑和启发式学习及强化学习相结合的方式进行训练。一般的逻辑和启发式算法会以符合人类思维的方式进行运算。例如早期的国际象棋程序就是将规定的规则编入计算机,加入某些人类专家的决策规则,然后利用计算机的运算能力,其结果已远超人类的思维能力。人工智能以人类永远不会想到的方式探索可能的行为与策略空间,而且我们也不了解它将从这种探索中产生何种具体方法。这种人工智能的思想所能解决的问题甚至是人类所无法预测的。

自从人工智能在棋类游戏中胜过人类以后,几乎没有人有机会在人机对弈中胜出,但人机混队模式比人人混队模式或机器混队模式胜出的概率高得多。为此,人工智能教育应该承担起教会受教育者同机器一同合作解决各个学科领域问题的责任。人类多年以来梦想的智能外脑,就在眼前了。智能教育将通过训练人类掌握同机器一起工作的方法,理解计算的过程,充分利用包括机器学习或深度学习的结果,解决那些前所未有的问题。

(三)人工智能教育的本体知识构建

随着高等教育领域计算机专业人才培养的逐步细化,逐步体系化的智能研究为人工智能知识体系的构建奠定了基础。自从1950年图灵提出"机器思维"概念以来,人们一直以来将图灵测试当作测试机器智能程度的标准,很多科学家也做了诸多的尝试,虽充满争议,但在很大程度上激励了计算机科学领域不断提升机器的"智能"水平,同时也极大地促进了认知科学、神经科学和数学(理论计算科学)的发展。

回顾人工智能理论研究和应用实践,可以梳理出遵循不同心理模型构建的人工智能学派,他们各自有着不同的适用领域。如理论方面存在符号主义、连结主义、行为主义等三大学派,应用方向包括符号计算、模式识别、机器翻译、机器学习、问题求解、逻辑推理与定理证明、自然语言处理、分布式人工智能、计算机视觉、智能信息检索、专家系统等。这些传统形式的人工智能早已

---

① Zeng,D. From Computational Thinking to AI Thinking. IEEE Intelligent Systems,2013.6.

被广泛应用于一般性的智能应用,也是传统的人工智能教育学习的主体内容。

而今,互联网大数据的兴起使得以深度学习等为主的机器学习算法在商业领域广泛应用,人工智能再次进入快速发展期。由于人工神经网络对传统人工智能"符号处理"理论基础提出了挑战,人们开始反思人工智能乃至认知科学的基本概念和理论,特别是对"认知即计算"的计算理论的反思,以及对智力本质进行的重新思考。实验心理学的研究发现"认知的计算理论"并不能解释一切认知和智力活动。以深度学习或神经网络为核心的人工智能应用正成为当下人工智能实践探索的主流形式,而广泛存在的大数据为其注入了不竭的源泉,推动着一个又一个令人惊叹的奇迹诞生。

在这样的情况下,重视人工智能思维教育则变得尤为重要。人工智能思想关注的是从人工智能研究和实践中提炼出来的框架、技能集合和一般工具,这些对每个人都是有用的(而不仅仅是人工智能研究者),应被纳入人工智能教育的本体知识之中,并作为重要的组成部分。与计算思维相比,人工智能思维超越了逻辑和算法的观点,强调如何利用知识库和案例库解决问题,捕获和理解常识,启用语义和上下文,以及非结构化数据等,是当下机器智能的核心思想。

人工智能教育本体知识中自然少不了技术实践。学习人工智能的前提是有扎实的计算机科学基础知识。很自然的,基于众多开源系统,探索智能化的系统构建,提升程序设计能力,体验编程实践是智能教育的重要实践形式,在此就不再赘述。虽然人工智能领域存在多种学派,尚未形成统一的认识,但各自均有可取之处,故此需要理解各自差异,在学习与实践中明确应用情景,并以此提升问题解决能力[①]。

第二节 人工智能在教育现代化中的基础和任务

一、人工智能在教育现代化中的基础

人工智能在教育现代化中的基础是信息技术,包括智能控制、模式识别、

---

① 张进宝、姬凌岩:《是"智能化教育"还是"促进智能发展的教育"——AI 时代智能教育的内涵分析与目标定位》,载《现代远程教育研究》2018 年第 2 期。

机器学习等技术都是人工智能教育的主要研究领域。计算机技术在现阶段的发展速度日益加快,再加上大数据等相关技术的发展,使得人工智能获得巨大发展,并被大范围地应用到不同领域中,各行业在发展过程中遇到的困难,均可以通过人工智能获得帮助,对于教育领域同样如此。学者张坤颖表示,作为具有赋能等效果的技术,辅助性和主体性是人工智能在教育领域的两种应用形态[①]。成为教育领域特定系统的主体是人工智能具有的主体性,举例而言,教学智能机器人等;辅助性是指教学系统中的教学、资源和环境、评价和管理结构中融入人工智能的功能模块或部分结构,人工智能具有的作用是通过媒体等形式施展的偶然自适应学习等。

单一技术是无法有效支撑其对教育教学产生的影响的,需要综合利用多项技术,例如人工智能、大数据等,因此,在教学中融入人工智能、大数据、学习分析等技术将会给教育领域带来一定的影响,也会给教学的发展带来新机遇和新挑战。

(一) 智能图像识别与语音识别技术

教学中对于相对抽象的知识内容总是会存在难以讲解明白的现象,举例而言,理解物理中的磁场分布等。不仅学生对于这种抽象的知识点总是很难理解,同样教师对于如何解决这种难题也是无从下手。为达到具象化抽象知识的目的,部分教育机构有效融合了人工智能等技术,进而陆续推出了人工智能适用于教育领域的技术产品——"AR 讲解分析知识点",概括而言,就是利用 3D 模型等相关技术对抽象知识进行具体化,在学生面前呈现出立体化的知识内容。以往不擅长展开空间想象的学生,在学习抽象知识时同样面临较大的困难,但通过这种新型 AR 技术的讲解,学习者能够破解不理解的问题,轻松而又高效地完成学习任务。

在学习过程中,学习者只需要扫描书上的一张二维码图像,手机很快就可以对知识内容进行识别并获取相应的解析,随后将知识脉络清晰地展示给学习者,使其可以对相关知识进行梳理;如果学生在解题时无法独立解决,只需要使用手机中的 AR 相机功能,用摄像头扫描知识点配图后就可以轻松提取

---

① 张坤颖、张家年等:《人工智能教育应用与研究中的新区、误区、盲区与禁区》,载《远程教育杂志》2017 年第 5 期。

其特征点,并自动将其与实现存储的相应特征点进行匹配,随后将与之对应的知识点 3D 模型信息加载到手机中,如此,学生就可通过具体、直观的方式对抽象知识进行理解,使学生的学习效率获得大幅度提升。

以立体化的模式对科学知识加以展现,能够让学生产生更加直观的感受,对科学、人文历史等各个学科的知识产生更加直观的感受。同时学生的体验感大大增强,有助于学生认知能力的提高。

Auto Speech Recongnize 是"语音识别技术"的英文全称,如何让计算机正确理解人类语音是其主要研究内容。人工智能学科从诞生的那天起,科学家们一直努力追求的目标是能够让机器理解和听懂人们所说的每一词、每一句。在研究发展过程中,该技术先后经历了三个不同阶段,其首个研究阶段是标准模板匹配算法,第二个阶段就是研究以统计模型为基础的算法,神经深度网络是其最后阶段[1]。人工智能识别语音的正确率在我国已经超过 97%,在世界居于领先地位,同时以飞快的速度响应世界各地。人类的语言机器也能够理解,同时给出及时的反馈。在英语学习中应用语音识别技术,对于学习者的听、说练习等方面具有帮助作用。语音助手、语音对话机器人、互动工具等技术层出不穷。在全国普通话等级考试、英语口语测评中已广泛使用了科大讯飞的语音识别技术,其各项指标的表现均远远超出人工专家。

智能化时代技术在发展过程中呈现出明显的趋势,举例而言,将语音内容进行文字转换并根据相应限制条件进行选择,比如识别设备将"我是李宏"这段语音进行处理后,以文字方式显示在屏幕上"我是李红",此时可以对文字内容进行纠正,"是宏伟的宏",设备在识别后就会将文字自动更改成"我是李宏"。未来能够通过对远距离进行识别是语音识别技术发展方向,未来技术也可以精准地捕捉到远距离的对话,并能够进行精准识别。

(二)大数据分析及深度学习技术

海量优质的应用场景数据已经建立在人工智能当中。相较于传统数据,大数据在数据量、流转速度等诸多方面均表现出强大的优势。此项技术是以采集、分析和储存数据为基础,对存在于已知变量中的关系进行发现并进行科学决策。大数据在现阶段已经被大范围地应用到诸多领域,例如电子商务、金

---

[1] 李彦宏:《智能革命》,中信出版社 2017 年版,第 26 页。

融等,可见,大数据在未来的发展过程中具有广阔的应用前景。而在教育领域中,大量的数据会随时出现在教学过程当中,而教学会通过大数据的相关分析进行解决相关教学问题,大数据会对教育教学产生深刻的影响。

大数据的根本作用就是以科学分析数据为基础,完成智能决策等工作。换而言之,就是只有大数据技术具备构建相关模型的能力和工具,从而在最大程度上发挥大数据具备的有利形势。

教学工作通过有机融合人工智能和大数据可以给自身发展创造新的机会。人工智能内部的庞大数据是其基石,机器学习在大数据的发展下取得了很大进步,使得具有的无限潜力得以激发和释放。因为在学习方法上人与机器各不相同,比如,当我们看见几只狗的时候,告诉一个孩童这就是狗,那么这个孩子下次在其他的地方看到其他的狗便也知道这就是狗,而要让机器来认识狗,需要向机器提供出大量的狗的图片。所以说,人工智能的发展需要大数据的支持。大数据的优势会在与人工智能的结合中发挥出来,如人工智能模型可以通过对教育教学过程中存在大量的教学设计、教学数据的分析来辅助教师发现教学中的不足并加以改进。

学习分析这一概念是在数据挖掘等相关技术获得巨大发展后形成的,其采集的数据来自学习的相关活动,通过采取多种工具和方法对数据进行全面的解读,研究学习的轨迹和环境,并以此为基础对学习规律进行总结和概括,合理预测学习效果,为学习者实施干预提供有效措施,进而对学习效果进行提升。综合以上论述可知,学习分析以大数据为基础,大数据的价值在学习分析中可以有效地实现。

学习分析的核心目标就是改善学习过程,其通常是由准确描述学习结果、科学评判学习的过程、合理预测未来学习的发展状况、将有效的干预措施引入到学习过程中四个阶段构成。

学习分析未来发展的主要趋势是教学的个性化和差异化。教育数据规模的增长速度,由于受到应用数字化教学工具增加的影响而不断提高。学生在智能教学平台学习期间产生的所有数据均被采集下来,并完整记录了课堂中学生与教师之间的所有互动及其产生的效果,通过分析此过程,以图表分析和整体数据统计的形式进行生成。在此基础上,学生要想找出其中的不足,可以通过查看相应的学习数据,分析情况从而改进策略。学生的学习特点,在此基础上教师可以有效地掌握,同时学习方案的制定可以依据学生的个性特点来进行设计,可以对学习者学习行为与学习数据进行深度分析,对学生发展可以实现随时监测。

(三) 智能教学机器人技术

国际机器人协会对机器人的解释是:具备自制能力的、可实现多种不同功能并具备编程能力的可操作机器,在没有人工介入的特定环境中,根据实际环境和感知能力,安排并执行好任务。在未来的发展中,如若情感交流的屏障被人工智能突破,人与机器或许真的能够达到心灵相通。目前,在社交和情感陪护领域,人工智能已经有所突破,如人工智能"小冰"。

作为具有特殊功能的机器人,教育机器人的主要目标是对学生在实践、创造以及分析方面的能力进行培养①。教育机器人是以语音识别等技术作为核心,可以在教学过程中与学生进行互动等,在有效减轻教师工作负担的同时,对教学效果予以优化。

机器人教育和教育服务机器人是黄荣怀等人对教育机器人的划分:一种是主要载体为机器人的机器人教育,其主要是引导学生观察、设计、拼装、操作机器人,并借此有效激发他们的学习兴趣、锻炼其思维能力,以及培养其实践和创新能力,"玩中学"成为学生的主要学习方式、知识能够在实践中获得应用。科大讯飞等公司相继向社会推出了个人陪伴教育机器人,其首款产品就是"阿尔法蛋"。

通过我国教育机器人的发展现状,其主要有两种应用情景:首先,是有助于发展儿童智力的机器人,其核心功能就是在陪伴儿童游戏和学习的过程中,能够通过多样的方式进行教育,在玩的过程中对儿童学习给予合理有效的启发,使他们在潜移默化中建立良好的习惯,比较常见包括智能玩具等;其二是辅助教学类机器人产品,其主要的应用领域就是教育领域,对教学活动予以支持,现阶段在日常教学活动中比较常见的有机器人教师、特殊教育机器人等。下文归纳整理了国内现阶段有关于教育机器人的研究案例,对两种不同的机器人类型中的多种教育机器人的实际应用展开分析,具体包括特殊教育机器人、机器人教师等七种,由此可知,此类机器人的未来应用领域是非常广泛的,在变革教与学的方式中得以体现。

---

① 张剑平、王益:《机器人教育:现状、问题与推进策略》,载《中国电化教育》2006 年第 12 期。

1. 益智陪伴类机器人

在完成固定的教学任务中,机器人更容易取得儿童的好感,并能够让他们更加专注地进行学习。双方在教学交互过程中,不但可以培养儿童的表达力,而且能够在最大程度上激发他们在想象和创造方面的能力,儿童时期是人类发展认知能力的重要阶段,而上述能力对此是具有支持作用。如名为达奇(Dash)和达达(Dot)的两个小机器人在奇幻工房(Wonder Workshop)公司被相继推出,造型极为可爱,能够帮助大于五岁的儿童对编程进行学习,进而对其想象等方面的能力充分激发。

2. 辅助教学类机器人

"Saya"是全球首位机器人教师,是2009年由日本制造的,其问世后被投入到东京某小学,由其负责完成部分教学工作。在工作期间,其可以使用不同语言与学生展开交流,解答学生提出的复杂程度较低的问题,并能独立完成安排学生作业、点名等教学基本工作,除此之外,其还可以做出非常人性化的表情,例如喜悦、哀伤等。韩国也对机器人教师的应用积极进行推广,韩国自2009年开始陆续向小学投入了三十个蛋形机器人,它们主要负责英语课程的教学,在学生中大受欢迎,通过实践获得的结果表明,学生学习英语的积极性可以通过机器人得到调动,并产生兴趣。机器人教师的报道在中国也此起彼伏,在部分学校已经开始进行测试了北京师范大学与网龙华渔共同研发的"未来教师"机器人,这种机器人对于作业批改等工作具有帮助作用,而且可以借助相应设备准确了解学生身体的状况,如果学生出现身体不舒服的状况,教师就会接收到机器人发送的信息,此外,还可以完成监考工作。目前,我国部分高校也开始尝试使用机器人教师,例如江西九江学院的"小美"等。[①]

二、人工智能在教育现代化中的任务

随着信息技术的发展与成熟,基于信息技术的各种教育软件和硬件开始渗透到教育教学的每一个环节,如教育信息化、网络教育、在线教育、云教育等,深刻影响并改变着传统的教育教学模式,为教育改革发展注入了新活力。但人工智能教育区别于其他教育模式的关键点在于,人工智能教育是建立在"云平台+人工智能"基础上的,人工智能平台实现成长数据的采集,人工智能

---

① 杜忠贤:《人工智能时代的教学变革研究》,硕士学位论文,哈尔滨师范大学,2020年。

实现精准的因材施教,可以说这是人工智能在教育现代化中需要努力完成的三大任务。

(一)"云+端"实现有效的教学交互

传统的班级授课制与因材施教之间的一个关键矛盾点是,在班级进行集体教学,难以充分实现教师与学生个体之间的实时互动。通过对因材施教的历史探索回顾发现,虽然尝试了增加教师、减少班级人数、分组教学、支持自学等各种教学改革模式,但教师依然难以像个别教学一样与学生个体进行充分有效的实时互动,充分了解学生的学习状况,实现因材施教。人工智能教育通过信息技术实现云平台、信息网络和学习终端构成的"云+端"系统,和教育教学进行深度融合,为单向教授模式的传统授课制增加了教学互动的通道,让教师通过"云+端"可以实现与每个学生的实时互动,采集和分析互动数据,更深入了解学生的学习情况。

人工智能教育平台提供丰富、多样性的优质学习资源,支持多样方式的教学服务,支持每个学生建立自己的学习空间。学习终端包括电脑、智能手机、其他智能终端。学生可以通过有线或者无线网络系统与云平台进行交互,让学生自主利用学习资源和工具进行问题思考和意见表达,参与网上交流互动,形成合作精神和能力,逐步养成批判性思考和解决问题的能力、沟通与协作能力、创造与革新能力。所有的学习交互数据都被记录并存储在智能平台上。教师可以通过智能平台实时了解每个学生的学习状况。另外,学生和教师可以利用教室触摸屏式大屏幕显示终端进行课堂交互,通过智能平台记录交互数据,让教师可以随时了解学生的学习掌握情况。

人工智能教育正是利用这种"云+端"的信息技术系统,打破传统班级授课制的僵化统一性,让教师和学生实现有效教学互动,并通过交互数据的采集和分析来决定每个学生的学习内容、进度、起点、目标、要求,匹配合适的教学资源,让因材施教成为可能。

(二)系统解决方案采集成长数据

"云+端"的技术架构为教师和学生之间的个别教学提供了教学互动的通道,人工智能教育提供系统解决方案采集教学互动数据,为教师了解学生的学习状况提供了基础数据。

数据采集的过程是操作载有软件的学习终端，软件将记录下的操作过程数据和结果数据，通过网络传输到智能平台存储起来，为因材施教提供基础数据。人工智能提供采集数据需要的软件、学习终端及网络的系统解决方案。人工智能教育软件决定采集数据的结构和内容，是教育教研水平和技术开发水平的集中体现，是因材施教实现的核心载体。软件必须装载于硬件之中使用，数据采集的实时性要求稳定的网络性能。

（三）人工智能教育的广泛应用形成成长数据

人工智能教育的核心是持续利用和形成个人成长数据，个人成长数据来源于人工智能教育，广泛应用于不同成长阶段的各种学习场景。

人工智能教育应用到幼儿、小学、中学、大学和职业发展等不同的成长阶段，采集不同阶段的成长数据。幼儿和小学时期以采集身体、心理和智力发育数据为主，其次是能力发展数据，再次是知识学习数据。中学阶段以采集能力发展数据为主，其次是身体、心理和智能发育数据，再次是知识学习数据。大学生职业阶段，身体、心理和智力发育以及能力发展基本成形，主要采集知识技能学习数据。

人工智能教育应用到不同的学习场景，采集不同场景的学习数据。学习经常发生在三个场景：学校、校外教育机构、家庭。在0—3岁，主要采集的场景是家庭，其次是校外教育机构。进入幼儿园、小学、中学和大学后，主要采集的场景是学校，其次是校外培训机构和家庭。进入职业发展阶段，主要采集的场景是校外培训机构和家庭。

人工智能教育应用不同成长阶段的不同学习场景，积累个人成长小数据，形成群体的成长大数据，为因材施教提供数据支持。

（四）智能算法实现精准的因材施教

人工智能包括人类智能和机器智能，人类智能可以接收、处理、综合信息进行推理和决策，机器智能可以模拟人类智能，实现接收、处理、综合信息进行推理和决策的自动化和智能化。智能算法可以将人类智能转化为机器智能。

人工智能教育的因材施教是在成长数据的基础上通过智能化识材和施教的紧密结合实现的。智能算法模拟因材施教过程中的匹配部分，在大数据的基础上可以实现精准的识材和施教①。

而这三大任务的解决进程中,势必还会带来一些不同于传统教育的重要转变。

1. 从动脑思考到动手思考

传统教育强调动脑思考,人工智能教育同时还强调"动手思考",让孩子们在"做中学,玩中学"。

人类的大脑扩容过程始于智人逐渐使用发明的新工具,大脑中有很大一部分区域是用于控制手的。因此,动手是发掘创造潜能的重要方法。

比如日本的设计大师柳宗理始终坚持用"手"进行设计。他经常不画设计图,而是直接动手制作实物大小的石膏模型,用手拿捏、抚握、思考、修正。他的理由是产品是手要使用的东西,所以当然要用手来设计,用手去感受,手上便会有答案。

动手会触发光靠思考无法得到的主意,"用手思考"和"用脑思考"具有同等重要的意义,这理应体现在教育中。教育家蒙台梭利很好地实践了这一教育原则。

管理研究专家杰夫·戴尔和赫尔·葛瑞格森采访了500位著名的创新者,发现他们之中有相当一部分人是在蒙台梭利学校就读的。这种教育体制培养出的毕业生包括谷歌的创始人拉里·佩奇和谢尔盖·布林,亚马逊创始人杰夫·贝佐斯,维基百科创始人吉米·威尔士。

蒙台梭利课堂强调自主学习、动手实践并真实接触动植物等多种多样的素材,课堂风格也相对自由、松散。可见"做中学,玩中学"的教育模式擅长培养创新精英。

1992年,法国国民教育部派出了以诺贝尔物理学奖获得者乔治·夏帕克为首的代表团,专程到美国考察"动手做"科学教育改革。夏帕克的考察感受是:"在教室里,人们为学生表现出这一阶层少有的求知欲、好奇心和全身心的投入而感到震惊。教育质量无可挑剔。"在他的建议下,法国国民教育部和法国科学院在法国小学里进行了类似的科学教育改革。法国的许多大学教师、科技人员和大学生帮助小学教师设计"动手做"的主题、实验方案,制作教育设备。夏帕克认为,这是在通过"动手做"的基础教育,培育一种适应于新世纪知

---

① 杜忠贤:《人工智能时代的教学变革研究》,硕士学位论文,哈尔滨师范大学,2020年。

识经济社会的新文化。

温故人类教育史,不少思想家和学者对"做中学"这个教育理念做过精彩的演绎发挥。

卢梭在《爱弥儿》一书中提出了一个著名的教育原则:让孩子的手脚和眼睛当第一位老师,从直接的经验中学习。例如现在很多家长喜欢让孩子背"大漠孤烟直,长河落日圆"之类的经典古诗词,但这不是孩子的触景生情、自由思考,万事让孩子自己先经历体验,不能事先给他一个框框或者结论。瑞士教育家裴斯泰洛齐据此创立了实体教学法,即让孩子通过对实物的直接接触获得知识。福禄培尔把其实体教学进一步深化,发明了以积木为核心的一系列做手工和游戏的材料,儿童可以像科学家们一样用原子来解释万物,用积木等基本元素构成自己的世界,形成自己解决问题的独特方式。

心理学家皮亚杰的研究表明,儿童是在"做"中运用自己的感觉器官去认识世界的,儿童的动作技能和心知技能都是通过"做"形成的。生物学家对动物的研究也证明,经常做游戏的动物比不做游戏的动物有更灵活的大脑、更复杂的精神系统。

美国天普大学的儿童心理学家 Kathy Hirsh-Pasek 的研究成果也值得重视。学前班可以分为学术导向的(强调知识学习的),以及社会导向的(强调游戏和培养孩子彼此之间关系的),Kathy 对它们的教学效果进行了比较研究。他发现,五岁时,学术导向的学前班出来的孩子认识的数字和字母明显要多。但到了六岁读一年级时,这一优势就消失了,而且在学习的热情和创造力上,社会导向的学前班的孩子明显要高。

再向前追溯,2500 多年前,孔子传授六艺,就是一种实践教学法。比如六艺中的"御",在驾车的过程中,如何让车辆保持匀速运动,如何让拉车的马匹在保持速度的同时节省精力,如何控制、激发几匹马之间的合作,这些技巧锻炼了一个人的分寸感和尺度感。学习驾车的过程就是学习领导之道的过程,这是典型的"做中学"。孔子教学生射箭,也不是希望学生成为优秀的猎手,而是让他们在学射箭的过程中,磨炼心智的定力,这也和领导之术紧密相关。孔子的学生是以天下为己任的,但孔子却用看似无关的平常技艺来培养这些精英,这种教育思想很值得我们重视。

总之,在人工智能技术越来越先进的年代,我们反倒应该越来越重视看似原始的"做中学"。儿童教育尤其如此,他们特别喜欢玩游戏,因为他们主要是用手来进行思考的。正如大教育家苏霍姆林斯基所说:"儿童的智慧在手指上。"

孩子们小时候习惯于和机器一起愉快玩耍,长大了就能和机器一起高效工作。这是人工智能教育的目标所在。

2. 从标准化到非标准化

现代教育制度是工业革命时代形成的,工业社会盛行大规模标准化生产,与其配套的教育模式也是大规模标准化培养。工业时代的教育模式简单来说就是"标准化教育+标准化考试",标准化考核的确定性知识是教学和考试的重点,那些需要深层次思考、争议性讨论和精微把玩的非标准化内容被回避了。这种流水线式的人才生产方式很经济、很高效,但往往是以磨平学生个体的兴趣、才智的棱角为代价。

正如个性化消费越来越成为潮流,流水线上生产出来的标准化产品会越来越不值钱,今天和未来的组织同样不会看重和别的人差不多的人,他们注定会是廉价的。非标准化的产品和服务需要"非标准化"的、有奇思妙想的人去创造,他们才是未来社会所需的人才。这意味着人工智能教育的导向要从标准化转向非标准化。

人工智能教育从标准化转向非标准化的一个重要方面,是每个学生所学课程的非标准化。每人一张课程表显然更有利于学生的个性化发展。2011年,北京市十一学校率先在中国启动个性化课程改革,现在4 000多名学生每个人的课程表都不一样。该学校推出了200多门选修课,包括语言与文学、数学、人文与社会、商学与经济学、综合实践等九个领域。此外还有33门职业考察课程,涵盖金融、经济、信息技术、法律、医疗等门类。该学校在课程改革实施过程中发现,当学生在校园里被尊重、被信任、有选择的时候,会变得更加自尊、自信。有选择才会有责任,有责任才会有成长,有选择才会有自由,有自由才会有创造。

北京市十一学校校长李希贵认为,"课程"一词是从拉丁语"Currere"延伸出来的,它的名词形式意为"跑道",课程就是为不同学生设计的不同跑道。人工智能教育课程的独特价值就是应该尊重某一个特定孩子的需求和不一样的成长方式。在不一样的生态环境里,这棵树才有可能变得不同于那棵树。

从标准化转向非标准化的另一个重要方面,是教育理念的多元化。以科技教育流派的兴盛为例。清华大学附中、人民大学附中、杭州开元中学、上海中学、上海外国语大学附中等600余所中学都在开设始于美国的STEAM教育课程。STEAM 是以下五个单词的缩写：Science（科学），Technology（技术），Engineering（工程），Arts（艺术），Maths（数学）。STEAM 教育课程把科学、技术、工程、艺术和数学整合起来，培养学生的综合性创造思维。这也是人工智能教育的目标。

早在几年前就开设 STEAM 课程的杭州开元中学，是杭州市知名的科技特色学校。学生获得奖项的范围很广：科技创新、车模、空模、海模、建模、电子制作、奇迹创意、探月轨道设计与制作、DI 创新思维、虚拟机器人、智能机器人、手机 App 开发设计、Scratch 趣味编程、信息学奥赛、三维设计……每年都有科技特长生被杭州的重点高中录取。

杭州开元中学的学生每周都可以体验 STEAM 课程，全体信息技术老师和科技老师带着全体学生玩转科技：发布一个 Scratch 游戏，开发个 App 装在手机上玩，或是设计打印一个 3D 水杯喝茶、喝水……

在学校开展的一次科技社团展示活动中，学生们展示了很多体验项目：意念方舟机器能够感应到人的注意力，两个人可以站在机器两边"对决"，谁的注意力集中，意念方舟上方的小球就会飞向对方；学生站在距离体感游戏屏幕一米左右的地方，跟着屏幕做动作，可以被机器感应到；3D 打印机能打印可以吃的巧克力饼屋；机器人社团的学生设计了一套系统，用机器人治理污水……

杭州开元中学的教学理念是：学校尽可能给学生创造动手动脑的机会，培养学生"能够带得走"的能力。学生要在现实世界中取得成功，不能空坐在教室里，必须能将所学知识应用到现实中，学会思考，学会设计，学会合作，学会解决问题。

除了教学的非标准化，面向人工智能时代的教育改革还包括考试的非标准化。四川大学近几年除了实施有利于师生互动、人人参与小班化教学（每个班 11—25 人），另一大措施是改革评价标准，探索打破"标准答案、60 分及格"的传统考试模式。从过去简单评价学生能背多少、记多少知识，转变为主要评价学生的创新精神和创造能力，考察其独立思考了多少、领会了多少，能不能在团队协作中成长，从而破除"高分低能"的积弊。改革后，过去靠死记硬背成绩好的学生，就可能考不好，学生要想获得好成绩，就必须自发、自主学习，主动熬夜查资料，主动独立思考问题，独立认真完成每次作业或者考试。

从标准化到非标准化，中国教育界已有先行者，更是人工智能教育的发展目标之一。

3. 从赢在起跑到赢在长跑

早在 1994 年，互联网时代即将到来之际，"首届世纪终身学习会议"就提出，终身学习是 21 世纪的生存概念。在知识不断更新的 21 世纪，学习不再是短跑比赛，而是马拉松长跑竞赛。

来看一个典型案例。《浪潮之巅》的作者吴军和弟弟吴子宁都有非常成功的事业。吴军是谷歌的搜索技术专家，曾任腾讯副总裁，现在是硅谷的知名风险投资人，还是中国的知名作家；吴子宁在斯坦福大学获得了博士学位，并在工作后的十几年中，获得了 280 多项美国发明专利，曾经是美国一家很大的半导体公司的 CTO。

因此很多人想知道吴家的育儿之道，但吴军的父母却说不出什么特别的方法。吴军和弟弟也是在多年之后才总结出父母的"教育秘方"，那就是以身作则，潜移默化地影响孩子，让他们养成终身学习的习惯。

吴军认为，大学教育使他们兄弟俩有了一个较高的起点，但是最大的成功更多地受益于终身学习。在他们读中学、大学时，都有不少一起竞争的同学，但是越到后来，和他们在一起接受教育的人就越少。到了博士毕业后，还能像他们一样坚持学习新知识的人并不多。他们兄弟俩的事业之所以更成功，并不是因为更聪明、更优秀，而是因为其他人早已放弃了人生的马拉松，而他们还在跑，仅此而已。

专家研究发现，在农业经济时代，只要 7—14 岁接受教育，就足以满足今后 40 年的工作和生活所需；在工业经济时代，求学时间延伸为 5—22 岁。在我们现在所处的信息社会，已经有很多人读研究生、博士生，甚至 30 岁之后才参加工作，三四十岁的人读个 MBA 也屡见不鲜，吴军就是典型例子。在将要到来的人工智能社会，教育阶段和工作阶段的区分将会消失，马拉松式的终身学习将成为常态。

在未来社会，笑到最后的人必将是一辈子接受教育的人。由于智能机器的快速进化，知识将永不止息地快速迭代更新，今后一个人的成功更像是马拉松长跑，终身学习成为关键竞争力，更是应对人工智能时代的终极解决方案。正如深度学习算法需要持续迭代升级，人的大脑也要持续升级。

在人工智能时代，要尽量多掌握通用的方法论。什么是通用的方法论？来看一个例子。社会心理学家发现人类行为有明显的"羊群效应"，个人的观念或行为由于真实的或想象的群体的影响或压力，会向与多数人相一致的方向变化。这样的理论解释了人们为什么做(Why),同时预测了在特定情景下人们又会如何做一件事(How)。不论在股票投资、市场营销或是政治宣传领域,"羊群效应"都大有用武之地。智能机器能完成越来越多的专业性任务,一个人只掌握某一特定领域的专业知识可能会被智能机器取代,更好的策略是了解事物如何相互联系,看到知识网络的全局,以多学科并用的方式思考。

在人工智能社会,大部分人将是知识工作者。管理学大师德鲁克是"知识工作者"这一概念的提出者,他的学习模式值得我们参考。德鲁克一方面对管理学的研究越来越深入,另一方面他一直保持着学习新知识的渴望,每隔三四年,他就挑选一个新的主题来研究,这个方法他一直坚持到晚年。德鲁克研究过历史和政治,然后又研究统计学、中世纪史、日本艺术、经济学,有的主题他花上三年时间还无法达到精通,但至少对它有了基本的了解。

未来的教育从业者不仅是要善用人工智能技术,还要向人工智能学习。人工智能是从大数据中提炼规则的。我们也可以从物理学、生物学和世界史等拥有大样本的基础学科中发现普适规律,然后将这些规律应用到方方面面,这是终身学习者的超级进化之道,更是人工智能在教育现代化中的重要使命[1]。

第三节 人工智能在教育现代化中的发展方向

在当前国家大力发展人工智能的政策引领下,不仅要从本质上认识人工智能的核心要素与驱动力,把握其典型应用特征,还要能够顺应其发展方向。以数据驱动引领教育信息化发展方向,以深化应用推动教育教学模式变革,以融合创新优化教育服务供给方式,将是人工智能教育应用的未来发展方向,也是人工智能时代教育发展的鲜明任务和重要机遇。

一、以数据驱动引领教育信息化发展方向

人工智能技术在教育领域的深入应用,推动着信息技术与教育的融合创新发展。纵观人工智能在教育领域的应用发展历程,从早期基于规则的知识表示与推理,到今天基于深度学习的自然语言处理、语音识别与图像识别,"智

---

[1] 王作冰:《人工智能时代的教育革命》,北京联合出版公司2017年版,第126—204页。

能"的习得已经由早期的专家赋予演变为机器主动学习获取。除了算法模型的显著改进,作为模型的训练数据集,大数据为人工智能添加了十足的动力燃料。大数据智能以数据驱动和认知计算为核心方法,从大数据中发现知识,进而根据知识做出智能决策。数据已经成为产业界争夺的焦点,数据驱动的智能决策与服务已经成为学术界研究的热点。在教育领域,数据可以解释教育现象,也可以揭示教育规律,并能够预测未来趋势。数据驱动的方法推动着教育研究从经验主义走向数据主义和实证主义。因此,教育数据革命已经到来。数据驱动的人工智能将引领教育信息化发展的新方向。

二、以深化应用推动教育教学模式变革

人工智能在教育领域取得如此大的成就,技术引领是关键。同时,不难看出,人工智能在教育领域的应用具有较强的场景性,也就是说,这种应用是针对教育实践活动中的具体问题而展开的,具有明确的问题空间和目标导向。也因此,这种由应用驱动的技术与教育的融合发展,是技术在教育领域中的一种深入应用。如自动化口语测评中,针对具体的语言语音对象,在语音识别技术的基础上,应用语音测评技术实现对学生口语的自动化评价。人工智能技术在教育领域的深化应用,创设了强感知、高交互、泛在的学习环境,为学生的知识建构活动提供了良好条件,为创新型教学模式的发现和运用提供了空间。

三、以融合创新优化教育服务供给方式

人工智能在教育领域中的应用实现了跨学科、跨领域和跨媒体的融合创新。人工智能与神经科学、认知科学、心理学、数学等相关基础学科的交叉融合,联合推动了教育人工智能技术的发展和应用。同时,人工智能本身的发展,离不开人工智能教育和培训。而这种教育更需要建立于STEAM学科融合的基础之上。人工智能与教育两者相辅相成,互相促进。跨领域推理融合了多个领域的数据与知识,奠定了强大的智能基础。跨媒体感知计算以智能感知、场景感知、视听觉感知、多媒体自主学习等理论方法为依托,旨在实现超人感知和高动态、高纬度、多模式分布式大场景感知[①]。人工智能技术与教学

---

① Peng Y X, Zhu W W, Zhao Y, et al. Cross-media analysis and reasoning: advances and directions. Frontiers of Information Technology & Electronic Engineering, 2017, 18(1).

内容、教学媒体和知识传播路径的多层次融合,突破了传统教育方式的限制,提供跨学科、跨媒体、跨时空的智能教育服务供给,是建设"人人皆学、处处能学、时时可学"的学习型社会的有效途径。

在大数据和深度学习等技术的重要支撑下,人工智能关键技术的突破,推动了人工智能在教育领域中的多样化应用形态,并提供了更智能的学习服务与体验,呈现出智能化、自动化、个性化、多元化和协同化的特征与趋势。在服务监控与治理的保障下,以政策为引领,牢牢把握"应用驱动"的基本原则,进而展开理论和技术研究,是推动人工智能与教育融合创新发展的重要路径。人工智能技术正在推动教育信息化的快速发展。

然而,在推进人工智能教育应用的过程中,还有很多具体问题值得探讨,亟待解决。如训练人工智能算法模型需要开放教育大数据,但会涉及个人隐私暴露等信息安全问题;相关技术在教学与考试中的应用,可能需要政策和制度的同步完善;人工智能在提高教学效率和推动教育公平的同时,是否也会造成数字鸿沟的增大;未来的教师和学生、教育研究、教育管理和规划等该如何适应人工智能带来的诸多变革等。面对全球智能化发展趋势及其挑战,教育必须积极主动地调整自身发展,借助现有技术的优势与潜能,实现服务社会经济发展的功能。[①]

从不同视角,也可对人工智能时代的教育发展方向给予一定的展望。

(一) 基于规划视角

战略规划发展路径,推进教育与人工智能深度融合。政府高度重视教育人工智能的发展,从国家战略层面为人工智能在教育中的普及、创新、融合与应用做好了顶层设计。

未来,政府仍需发挥引导和统筹作用,以政策为引领,建立健全制度保障体系,助推教育与人工智能的深度融合。在财政、金融政策方面,应加大人工智能在教育领域的技术研发、项目投入、人才培养、教师培训、智能环境建设等经费的投入和扶持力度,为智能技术的创新提供资金保障。在数据管理方面,要加强数据汇聚,消除数据壁垒,建立合理使用数据的制度与政策体系,促进

---

① 梁迎丽、刘陈:《人工智能教育应用的现状分析、典型特征与发展趋势》,载《中国电化教育》2018年第3期。

数据的流通与流转,在保护学生和家长隐私的前提下,合理、平衡利用数据来发展教育智能。在知识产权保护和伦理道德监管方面,要尽快制定和完善相关法律法规,提出相应保障措施,对可能影响人类伦理的技术进行必要的监管和限制,加强人工智能在教育中的安全融合。在智能化教育推广和应用方面,继续细化相关政策,对优质教育资源的空间局限性做出改变,使优质教育资源实现跨地域、跨区域共享。

(二)基于应用视角

拓宽人工智能应用空间,助力教学模式的创新发展。2019年国际人工智能与教育大会上,习近平同志在贺信中指出,把握全球人工智能发展态势,找准突破口和主攻方向,培养大批具有创新能力和合作精神的人工智能高端人才,是教育的重要使命。

未来,随着人工智能教育的深入融合,"正式"与"非正式"学习环境将充分混合,学习会发生在包括课堂及课堂以外的任何地方,学习时间也更加灵活,不只限定在学校上课时间,只要通过互联网,任何时间都可以在线学习,泛在教育与终身学习可逐步实现。"线上"与"线下"教育模式将有机结合,线上可按需学习,共享优秀教师资源,线下可真实沟通,查缺补漏,二者相结合经过"课堂学习—课后巩固—答疑解惑—真正掌握"的高效学习流程,实现学生的个性化教学,双师教学模式就是如此。"同步"与"异步"教学模式将齐驱并行,在了解学习者学习水平、学习能力的基础上,人工智能进行学习分析,根据学习者需求,精准推送适合个体需求与能力的学习资源,确保不同阶段、水平的学生的教学效果。"课内"与"课外"教学模式将紧密衔接,打破传统的以教师为中心的教学模式,人工智能将全面辅助学生完成课上的知识学习、要点总结和课外的知识拓展、答疑解惑,将极大地提升学生学习效果。毫不夸张地说,未来,人工智能将会满足所有人群的学习需求。

(三)基于科研视角

"学企研"多方合作,加大教育人工智能产品研发力度。当前,我国仍处在弱人工智能阶段,存在着基础理论薄弱、关键技术积累不足、重大原创科技成果缺乏、技术服务不到位、专业人才数量不足等问题,这需要聚合企业、高校、科研院所等优质学科资源和科研力量,推进人工智能在相关学科发展,建立人才培养和储备长效机制;建设创新创业实践基地及资源共享平台,形成产学研用一体的智能教育技术研发体系,推动人工智能创新成果在教育领域的转移转化。

未来,学校要积极规划,合理安排,构建人工智能多层次教育体系。在基础教育阶段,实施青少年人工智能素养提升工程,为中小学生引入人工智能教育,推广和宣传编程教育,并设置STEAM的基础课程,通过游戏化、图像化编程教育,培养学生人工智能方面的意识与思维。中级教育阶段,进行STEAM学科的学习以及AI的简单设计,通过编程控制机器人、通过图像识别技术对图片进行分类和特征提取,培养学生人工智能创新和逻辑思维,为高等教育阶段的专业学习打下良好的基础。高等教育阶段,满足智能时代的人才需求,建立人工智能产教融合基地,发展人工智能相关学科,培养和储备具有创新能力与合作精神的"人工智能+X"复合型人才。

未来,企业需将目光投向学校对人工智能产品的需求上,要在产品设计、创新与研发方面进行积极尝试,特别是大型企业,要通过和研究机构的合作,开发人工智能组件库和算法库,提供人工智能开放云服务,对中小型企业开放其计算能力,实现人工智能资源服务共享。

科研院所一方面要多渠道汇集人工智能技术人才,保证人工智能研发的持续源动力;另一方面要聚焦人工智能发展前沿,多维度开展人工智能教育应用的理论研究和技术突破,为企业智能产品的生产提供理论依据和技术支撑。同时,应积极筹划,组织企业、高校、行业组织、科研机构形成人工智能产业技术联盟。通过联盟的形式,集聚教育、行业、企业、专家,准确定位当前的教育需求,寻找人工智能与教育、行业的契合点,共同参与人工智能重大科技项目的研发与实施。高校间要开展跨学科研究,积极推进教育学、信息科学、心理学、管理学等多学科的协同攻关,推动人工智能领域的基础性、原创性研究,推动科研院所教育智能产品的研发与应用。

(四) 基于教育生态视角

人工智能引发的第四次教育革命打破了传统教育系统的原有生态,重新建构了教育场域、教育关系、教育产出等教育各要素,重塑了智能教育的新生态。

宏观角度来看,人工智能在全球范围内的快速兴起和蓬勃发展,使教育从封闭走向了开放,并在开放中不断打破权威对知识的垄断,加速了知识的更替速度和教育的自我进化,形成了全球性的知识库和国际学校间优质教育资源的链接与共享。教育的时空场景和供给水平发生了改变,数据融通、信息共享、业务协同变为现实。

微观角度来看,人工智能技术的介入对当前教育系统带来了极大的影响和改变,无论是学校、教室、环境、课程、教学,还是评价体系、培养模式、深度学习、教学场景等各个教育微观子系统都在"外来物种"人工智能的作用下,相互影响、互相作用、不断进化,逐渐构建一个新的灵活、开放、共享、协同、丰富、多元、动态的教育生态系统。

(五) 基于伦理视角

"人机协同"是未来人工智能教育发展的主流趋势,无论是教师还是学生,都会在不知不觉中对智能机器产生依赖、信任,甚至建立共生性伙伴关系。但不可回避的是,随着人工智能的广泛应用,隐私侵犯、评价定势、潜能遮蔽、智能依赖、情感忽视等一些伦理问题会凸显出来,但在弱人工智能阶段,我们还无法对人工智能程序进行道德教育,让它服从社会公认的准则、情感、态度和人类的价值观,人工智能伦理的规范与建设提上了议事日程。

未来,面对人工智能伦理道德的挑战,一方面,国家要将立法项目列入立法规划,加强行业安全立法,制定出台相关法律法规和伦理规范,建立人工智能教育行业发展的制度规定和行业标准,加强监督和管控人工智能的恶意使用行为,尽量规避人工智能的潜在风险,同时,可将人工智能教育纳入教育的各个阶段,使学校作为人工智能教育的主要渠道进行伦理教育;另一方面,从学校层面出发,在教育中将人工智能伦理教育和道德规范的养成通过课程、讲座、实践等多样形式嵌入学生的教育中,注重伦理引导,使学生形成伦理规范的自觉行为,同时加强对一线教师的培训,使他们成为捍卫人工智能伦理规范的主力军和卫道者。①

---

① 赵熙敏、李丽:《人工智能时代教育的认知、变革与发展》,载《广西社会科学》2020 年第 6 期。

第四章　人工智能在教育现代化中的应用探索

第一节　人工智能教育在家庭环境中的应用探索

以幼小衔接家庭教育为例,智伴儿童成长机器人,在提升教学趣味性、引导家长对孩子进行听力训练、培养孩子综合学习能力、促进幼小衔接方面进行了早期探索,获得了一些有益经验。

一、借助 AI 培养孩子核心学习能力

核心学习能力包括专注力、记忆力、阅读力、语言沟通以及思维能力。这些核心能力构成一个完整的学习闭环体系,通过知识、技能等学习以及情感呈现出来。

以往的研究大多数只关注到以上能力的某些方面,比如专注力。专注力可以分为四个维度,即专注力广度、专注力稳定性、专注力持久性和专注力转移性。幼儿园的教育中只关注到孩子专注力的持久性和稳定性,忽视了孩子专注力广度和转移性的培养。现在借助 AI 可以帮助家长较好地训练孩子专注力的另外两个维度。

（一）听觉能力培养

听力是学习力的前提。小学课堂每节课有 40 分钟时间,需要孩子集中注意力听讲,听的习惯与能力非常重要。现在很多家长平时工作较忙,陪伴孩子的时间较少,亲子阅读时间不够,针对这种情况,可以试用以下四种解决方案。

1. 大量播放音频进行训练

播放音频训练,在家庭教育中操作非常简单方便,目前市面上有许多故事机、学习机、手机下载音频、人工智能机器人等辅助工具。智伴儿童成长机器

人是其中一款具有专门陪伴能力的智能工具。

智伴机器人知识覆盖面非常广,里面包含了大量故事、儿歌、国学知识、英语、历史名著、情商、人文地理、科普知识等,可以满足幼小衔接孩子的知识拓展、兴趣爱好与探索需求。在家庭教育中,家长需要每次坚持放五分钟孩子喜欢的音乐或者故事,第一天两次,第二天三次,第三天四次,逐次增多,以此培养孩子的聆听能力和听觉性专注力。

2. 听故事找关键字或词语训练

很多人认为,让孩子听故事就是随意听,仅仅关注到孩子专注力的持久性和稳定性,而不注重听的过程中孩子专注力广度和专注力转移性的培养,结果是,很多时候孩子听完故事后找不到故事关键内容或者关键词语,对故事的复述和理解不够。

在机器人听力训练中,我们可以通过"自定义"来促进孩子抓取关键词。例如,在聆听少儿科普丛书"十万个为什么"中《天空为什么是蓝色的》科学故事后,可以通过微信发送:"小朋友,你刚才听《天空为什么是蓝色的》故事中,出现了几次'天空'呢?"这时机器人就会把这段话变成自己的语言向孩子提问,孩子在惊讶中会感觉机器人就是一个小老师、小伙伴,非常乐意回答这个问题,在听故事时也会更加关注里面的重要信息。

3. 听句和故事复述训练

智伴机器人有大量的故事,通常我们选择一些通俗且孩子非常感兴趣的小故事,通过反复聆听和练习,让孩子进行故事复述和讲解。在此过程中,既培养了专注力的广度,也在一定程度上培养了记忆力和思维表达能力;甚至可以在听的过程中用思维导图将大脑所听的内容构成图像呈现出来。比如人教版二年级上册课文《小猴子下山》,幼儿园、小学一年级的孩子很早就听过,在听机器人讲故事时,针对幼儿园孩子可以提问:"小猴子在下山路上看了什么呢?"针对一年级的孩子,可以一边复述一边进行情景表演;而二年级的孩子可以跟随机器人一起背诵课文,听写生字词,注重字音的准确。读音的准确性方面,机器人的辅助功能是大部分家长甚至教师都迫切需要的。

4. 疑问式听内容训练

通过智伴机器人云平台可以语音搜索到海量信息,孩子们最喜欢的探究提问中,少儿科普丛书"十万个为什么"是孩子最喜欢搜索的内容之一。孩子在搜索问题前,我们可以多提几个问题让其思考。比如对于《飞机为什么能飞上天》,一般情况下,我们会引导孩子思考两个问题:① 飞机飞上天的原理是什么? ② 飞机飞行的原理和鸟是一样的吗?这样,孩子们会带着问题去聆听,刚开始有可能忽视找答案的过程,但训练次数多了,孩子们自然就养成寻找答案和专注聆听的好习惯了。

(二)阅读想象力培养

孩子的语言智能的发展主要是通过"听、说、读、写"来认知的,可以用轻松、简单的方式提升其语言技能。比如反复朗读,可以加深其对句子结构的理解,促进语言的发展,同时加深对个别字的字义理解。

在幼小衔接过程中,我们遵循孩子阅读成长规律,将阅读过程分为三个阶段:① 看图画,形成故事(画面想象);② 看图话,形成文字(画面表达);③ 看文字,形成画面(文字想象与表达)。那么,如何将"听、说、读、写"形成一个良好的学习系统,在家庭教育中帮助幼小衔接的孩子培养良好的阅读能力和习惯呢?

可以对比下看电视和看书(阅读)对大脑产生的不同反应。我们知道,阅读只有文字或声音,而文字或声音是通过大脑曲线脑波进行记忆、思考和想象形成画面感的,并通过图像呈现出来;而电视、视频等视觉性的场景、声音、图像、节奏都是设定好的,大脑只是一个被动接受的过程。那么,对于幼小衔接的孩子肯定不能全方位开发儿童大脑,相反还有一定干扰。

了解声音或文字对大脑开发的原理可知,倾听和阅读是帮助孩子大脑发育最有效的途径之一,在教育中应多营造倾听和阅读的氛围。通常来说,阅读分为视觉阅读和听觉阅读。对于幼小衔接孩子来说,听觉阅读更为重要,通过声音、想象、思维表达形成图像呈现出来,最后有意识地进行语言表达,所以说听觉阅读是视觉阅读的基础。

以智伴机器人为例,其云端内容包括了大量的历史名著,有中国上下五千年历史、四大名著精华、历史名人典故、人物自传等,这些都值得家长引导孩子做听觉阅读,通过听觉阅读做前期的铺垫和引导,形成记忆并在脑海里储存想象画面后,当孩子达到视觉阅读要求时,阅读起来就更加通俗易懂,不会那么枯燥。同时,将听觉阅读画面感呈现出来,让孩子更有兴趣感和成就感,继续通过视觉进行深层次阅读。

总之,综合运用"听、说、读、写"学习系统,将孩子所阅读的内容进行记忆、复述和讲解,在互动过程中帮助孩子提升语言表达能力和思维能力,效果非常明显。

二、借助 AI 培养孩子时间管理能力及好习惯

时间管理能力是提高学习效率、保证学习质量的关键。进入小学后,孩子的日常生活方式、生活内容和学习习惯都发生了很大的改变,由幼儿园以"玩"为主变为学校以"学"为主。这一变化,需要家长正向引导。借助智伴机器人,还可以帮助孩子建立时间管理观念并自主学习。通过"预习(家里)—学习(学校)—练习(学校)—复习(家里)—巩固(家庭作业)"学习习惯闭环系统,帮助孩子建立习惯。其中,"预习""复习""巩固"三个环节的 80% 以上需要在家庭教育中完成,因此家长需要借助一些方法和工具。

例如,一、二年级的语文学习,更多的是学习拼音和字词句、背诵课文等基本要求。拼音学习是令很多家长和孩子头痛的问题,在家庭复习过程中家长也是束手无策,只能借助教育辅助工具来完成。智伴机器人就是一个非常好的教育辅助工具,云端内容包括了拼音、词句、课文跟读学习,在人机互动学习过程中,让孩子轻松学习并激发学习兴趣。对家长来说,也能非常轻松地完成"复习"和"巩固"环节。此学习习惯闭环系统,家长和孩子在坚持 21 天后,孩子一定会养成自主学习的好习惯。

在日常生活习惯中,比如时间观念、行为准则等,需要家长帮助幼小衔接孩子通过生活或者故事去引导。智伴机器人云端内容有大量关于时间观念、行为准则的故事,孩子们可以自行通过人机互动或者在线教育进行学习和熏陶,其正确引导效果相当明显。

值得一提的是,智伴机器人微信互聊和提醒功能对培养孩子良好行为习惯也非常有帮助。例如,孩子时间观念不强、做作业拖拉的情况,家长多次说孩子都不愿意听,或者孩子出于逆反心理,家长越说越拖。那么家长可以编辑一段文字通过智伴机器人对孩子说:"小主人,我们要养成好习惯,在规定的时间内完成作业是非常棒的!你是我的榜样,我要向小主人学习。"通过机器人口吻说出来,拉近了孩子和智伴机器人的情感距离,此时孩子很有主人意识,同时知道自己应该树立一个好榜样,以身作则。

智伴机器人有记忆和提醒功能,比如跟机器人说"请记得提醒我十分钟后完成语文作业""请提醒我半个小时后洗澡",那么十分钟和半个小时后智伴机

器人就会大声提醒:"主人,做完语文作业!""主人,请洗澡!"提醒语音会连续重复多遍。

相对于兴趣培养,孩子学习能力的呈现没有兴趣那么直观,所以容易被忽视,也更需要时间去改变。对于年轻的父母,处于快节奏的生活状态,充分利用人工智能技术,借助较好的工具实现教育陪伴和儿童学习能力培养,是一个非常有意义的尝试,为"幼小衔接"提供更加有效的路径。[①]

第二节 人工智能教育在学校环境中的应用探索

人工智能教育与学校的融合主要涉及两个层面的问题:① 人工智能融入学校的价值是什么,以何种方式实现学校教育与智能技术的融合;② 未来的数字公民需要结合人工智能进行学习,那么人如何学会与智能机器共处。基于以上思考,人工智能教育在学校环境的应用探索存在五项潜能和五项挑战。

一、支持个性化学习

数字环境下成长起来的新一代学习者对学习提出了更高诉求,步调统一、时间地点固定的学习方式正在被打破。他们渴望采用自定步调、任意时间、任意地点的学习方式。智能辅助系统/教育机器人将使上述学习方式成为可能:① 获取学习行为数据,并借助大数据和学习分析技术,为学习者提供适切的学习资源和路径;② 通过提供沉浸式的虚拟学习环境,学习者可在任意时间、任意地点参与到学习中。如设计游戏化的虚拟学习场景后,根据游戏故事的展开,从游戏和玩家获取在线参与信息,并基于这些信息使用人工智能算法确定采用哪些适合的学习行动[②];③ 促进学习者认知水平和情感状态的转变,以积极的心态参与到学习活动中,如智能教学系统通过模仿学习者的认知和情感状态,将学习活动与认知需求和情感状态相匹配,保证学习过程中学生的深度投入。

---

① 卢智:《借助人工智能提高儿童学习力,促进幼小衔接家庭教育——以智伴儿童机器人导入为例》,载《亚太教育》2019年第4期。
② Pearson. & UCL Knowledge Lab. Intelligence Unleashed:An argument for AI in Education. 2018-4-13. https://www.linkedin.com/.

二、提供教学过程适切服务

学习支持服务是在远程学习时教师和学生接收到的关于信息、资源、人员和设施支持服务的综合。西沃特第一次对学习支持服务作了系统论述[1]，此后，学习支持服务作为远程教育领域特有的重要概念和实践活动不断得到丰富和发展。在远程教育师生时空分离的环境中，学习效率与教学质量的保证，必须要有相适应的学习支持服务系统，而学习支持服务系统也是学生取得良好学业表现的重要保障。人工智能技术通过分析来自计算机、穿戴设备、摄像头等终端数据，能够跟踪学习者和教学者的行为，对特定场景下的行为进行细粒度分析，从而得出面向特定对象的特定需求，再借助自适应学习支持系统将匹配的学习内容、教学专家和学习资源推送给用户。

三、提升学业测评精准性

传统的学生档案袋记录不能及时、全面地反映学生真实的学习状况，尤其是在某些地区班额和师生比例不合理的条件下，教师没有足够的时间和精力记录学生学习过程。学习分析技术为搜集学习者从小学至大学的全过程学习数据提供了新的解决途径，并能运用多类分析方法和数据模型解释与预测学习者的学习表现[2]，从而准确把握学科教学目标，调整教学策略，优化教学过程。除外，学业评测还能捕捉学生的情感状态和生理行为数据，如利用穿戴手表、语音识别和眼球追踪等数据捕获设备，捕捉学生生理和行为数据，获取学生的情感状态和学习注意力数据[3]，挖掘深层次的行为数据，为精准的学习支持服务提供依据。

四、助力教师角色转变

历史类、语言类、电子工程类、管理类等智能教学系统已逐步应用于课内外学习中。这一发展对于减轻教师工作负荷大有裨益。人工智能技术将成为

---

[1] Sewart D. (1978). Continuity of concern for students in asystem of learning at a distance. [2018-5-20]. https://www.researchgate.net.
[2] Lee M. J. W. Kirschner P. A. & Kester L. Learning analytics in massively multiuser virtual environments andcourses. Journal of Computer Assisted Learning，(2016)3.
[3] Kiefer P. Giannopoulos I. Raubal M. & Duchowski A. Eye tracking for spatial research：cognition. computation.challenges. Spatial Cognition & Computation. (2017)17.

教师角色转变的催化剂,部分替代教师的"机械"工作,传统的备课、课堂讲授、答疑辅导和作业批改等将不再是教师的专属,如辅导答疑任务可由虚拟代理替代,用智能辅助系统/教育机器人承担教师的某些任务,协作承担教学环节当中可重复的、程式性的、靠记忆或反复练习的教学模块,帮助教师将更多的精力投入到创新性和启发性的教学活动中,如情感交互、个性化引导、创造性思维开发,不断为教师赋能。

五、促进交叉学科发展

人工智能教育应用一直是跨学科的领域,可利用计算机科学、生物学、心理学、教育神经科学等学科优势,从不同侧面深入理解学习过程,从而建立更准确的领域知识模型、学习者模型,更好地为学习者提供理论指导。如有研究者开展关于"智能激励"和"成长心态"的研究。"智能激励"是心理学、计算机科学领域的交叉研究,指的是当学习与不确定的奖励相关联时,学习可以得到改善[1]。"成长心态"是社会学、心理学和计算机科学的交叉研究领域,主要探索"心态"在学习中的作用[2]。有团队已研发出一种模拟大脑支持学习者以最有效的方式发展成长心态的智能技术(Brainology)[3]。越来越多的证据表明,这种"成长心态"可以改变学生的心态,从而对他们的学业成就产生实质性影响[4]。

第三节 人工智能教育在社会环境中的应用探索

人工智能离普通大众的生活一直都没有那么遥远,现在智能手机配备的语音助手就是绝佳的证明。随着人工智能技术的不断深入,无人驾驶、无人零售店、人工智能翻译等令人意想不到的人工智能产品开始不断涌现。也就是

---

[1] Demetriou S. Neuroeducational research in the design and use of a learning technology. Learning Media & Technology. (2015)40.
[2] Dweck C. S. & Leggett E. L. A social-cognitive approach to motivation and personality. Psychological Review. (1988)95.
[3] Harris A. Bonnett V. Luckin R. Yuill N. & Avramides,K. Scaffolding effective help-seeking behaviour inmastery and performance oriented learners. The 14th International Conference on Artificial Intelligence in Education. (2009)6.
[4] 杜静、姜男、黄荣怀、刘德建:《人工智能融入学校教育的发展趋势》,载《开放教育研究》2018年第4期。

说，人工智能已经融入人们的生活，变得无处不在。以下是若干人工智能教育在社会环境中的典型应用。

一、科大讯飞与人工智能翻译

随着"一带一路"倡议的提出，突破各国间的语言障碍，实现语言互通，成了当务之急。而且，随着我国人民群众生活水平的提高，出国的人越来越多，语言障碍也成了许多人的心病。

在语言翻译上，机器翻译已经由来已久，但译文死板、速度慢等缺陷一直存在。在人工智能技术运用到翻译领域后，机器翻译终于可以和人工翻译一较高下，解决日常生活中的语言障碍问题。

科大讯飞的晓译翻译机运用人工智能技术实现了翻译智能化，已支持30多种语种翻译，几乎囊括了人们出国旅游的所有热门地区的语种。不仅如此，新品翻译机还率先推出方言翻译功能，更加方便人们的使用。

科大讯飞执行总裁刘庆峰认为："人工智能技术正越来越有温度地走到我们身边，开始改变世界。"以智能翻译机为契机，人工智能正在不断助力地球村的形成。

在科大讯飞的新品发布会上，上海外国语大学高级翻译学院吴刚副院长表示，利用好机器翻译，能够将人工翻译从那些没有创造性的翻译中解放出来，从而让人可以腾出更多的精力从事更有创造力的活动。

除了亲民的翻译机，人工智能技术正在中华文化对外传播上产生更大的应用价值。中国外文出版社发行事业局与科大讯飞公司已签署战略合作协议，以人工智能技术为基础搭建翻译平台，包括人工智能翻译平台和人工智能辅助翻译平台（即人机结合的辅助翻译平台），推动中国翻译产业快速发展和中华文化顺利对外传播。

中国外文出版发行事业局方正辉副局长表示："对外翻译是中国外文局的鲜明特色和核心优势，我们承担了新时代对外宣传的基础性、战略性翻译任务。当前，翻译行业正进行数字革命，中国外文局与科大讯飞公司进行战略合作，就是要探索运用人工智能技术推动翻译行业发展，对外讲好中国故事，让世界聆听我们的声音。"

人工智能教育在社会环境中的代表性应用之一就体现在翻译领域。该应用大大降低了各国之间文化交流的障碍，让更多人能够轻松地学习各国文化知识。现在机器翻译还不能胜过人工翻译,但人工智能正在迅速弥补二者之间的差距。承受着人工智能翻译软件的不断优化,机器翻译时代终将到来。

二、人工智能医学影像及医药研发

人工智能教育在社会环境中的代表性应用还体现在医疗行业。人工智能医学影像不光能够提高效率、减少失误,人工智能教育下的技术人员成长更是对解决医学领域的人才困境有所帮助。

在现代医学中,利用医疗仪器形成医疗影像作为诊断依据是十分常见的,如心电图、CT、核磁共振等。尽管现代医学食品能够做到精准无误地反映人体内部的状况,但识别患者的患病情况依旧需要医生来诊断。

由于医院每天的人流量很大,影像科的医生每天都要对几百张不同的医学影像进行判断。由于精力等客观原因,对医学影像的误判造成的误诊事件时有发生。而对于人工智能技术来说,只要对足够多的正确案例进行深度学习,人工智能进行医学影像判断的正确率就会接近100%,这显然是十分值得尝试的。

广州市妇女儿童医疗中心张康团队曾研发出一款能够读取医学影像的人工智能系统,可以精确诊断眼病和肺炎。根据研发团队的介绍,该人工智能系统对X光片、超声数据CT(X射线断层扫描)和MR(磁共振)影像都可进行读取。根据这些影像数据,系统能够在30秒内诊断出病人是否患有黄斑变性或糖尿病视网膜黄斑水肿,还可以在几秒内完成儿童肺炎病原学畸形的差异性判定,诊断的准确率超过了90%。这充分显示了人工智能系统在提高效率、减少失误方面的优势。

团队负责人张康表示:"在学习了超过20万个病例的OCT图像数据后,人工智能平台诊断黄斑变性、黄斑水肿的准确率达到96.6%,灵敏性达到97.8%,特异性达到97.4%。"由此可见,在图像识别技术和深度学习技术的基础上,人工智能技术能够在医学影像识别领域取得极高的精准度。

人工智能教育能够帮助培养人工智能技术和医学领域交叉的复合型人才,这将极大推动人工智能医学影像的实用落地。为此,许多医院开始启动复合人才的培养计划,将优秀的计算机人才和医学人才送到顶尖名校进行培养。随着时间的推移和人工智能教育的渗透,复合型人才的数量会越来越多,人才困境也就不复存在。因此,人工智能医学影像的事实落地也将成为大势所趋。

此外,人工智能教育融入医药研发,缩短了研发周期,节约了研发成本。

众所周知,在医药领域进行新药研发是一件很困难的工作。传统药物研发的短板有三个:① 药物研发比较耗时,周期长;② 药物研发的效率低;③ 药物研发的投资量大。

有调查数据显示,所有进入临床试验阶段的药物最终能够上市销售的不到12%,而且一款新药的平均研发成本高达26亿美元。由此可见,传统药物研发是多么艰难。

除了以上三个短板,试错成本的提高也使众多药物研发企业将研发重点转向了人工智能领域。

近年来,随着人工智能技术的发展,特别是大数据和云计算性能的提升,将有效克服这些难题,完善医药研发的不足。同时,利用人工智能技术也可以对药物的活性、安全性以及存在的副作用进行智能预测。

人工智能药物研发是利用深度学习技术,通过大数据对药物成分进行分析,从而快速精确地筛选出最适宜的化合物或其他药物分子,最终达到缩短研发周期、降低成本、提高研发成功率的目的。

总之,这些药物研发初创公司或团队都希望通过人工智能技术来提升药物研发效率,节省投资和研发成本,最终取得最好的研发成效。

目前借助深度学习等算法,人工智能技术已经在抗肿瘤药物、抗心脑血管疾病药物等常见疾病的药物研发上取得了重大的突破。同时,利用人工智能研发的药物,在抗击埃博拉病毒的过程中也作出了重大的贡献。

当然,人工智能药物的研发也不是一蹴而就的。为了使人工智能药物研发更高效、更有质量保证,我们需要做好以下三个方面。

第一,做好大数据积累。

大数据是所有人工智能企业发展的必要支撑,如果没有精准的大数据,一切都是空谈。对于人工智能药物研发企业来讲,更需要做好高质量的数据积累。因为良好的数据库能为药物的研发提供更加准确的药物学资料,人工智能进行深度学习后会有更准确的结果。

第二,建立合适的深度学习算法模型。

传统的人工智能算法不适合医药研发,需要研究人员调整计算机视觉算法、单点学习算法,使其适用于医药研发,最后得到合适的对药物属性进行预测的算法。目前,一些新算法模型增加了新层次的复杂性,以便更好地研究出哪些生物元素相组合可获得新药物。展望未来,深度学习算法和其他人工智能算法以及硬件和软件的进步都有望对药物研发产生重大影响。

第三,重视研发市场的分析研究。

医药行业是典型的高投入、高风险,但不见得有高回报的行业。因为新药临床失败率极高,成功率很难有确切保障。融入人工智能进入研发全过程,将能够提升药物的研发效率。但为了减少决策的盲目性、降低未来的风险性、提升市场的回报率,需要特别重视对人工智能药物研发市场的分析研究,包括研发环境变化、客户需求了解、研发前景预测等方面的深入研究,以期拥有先发优势、占领市场。

综上所述,在人工智能药物研发的过程中,要牢牢把握数据关、算法关以及市场关,这样才能使人工智能在药物研发领域不断发展,而人工智能教育的深度普及定能为医疗行业的发展注入新的活力。

三、人工智能教育驱动公共文化服务

人工智能助力文化产业发展的一大方法是从发展新型文艺形式出发,扩展新时代文化产业的内涵。综艺节目《渴望现场》就利用人工智能技术,用"科技+文艺"的新模式创造了新式文艺节目。节目引入中国科学院人工智能评价系统,把音乐的评判权交给人工智能,解决了以往音乐类节目饱受"黑幕说""关系户"等负面讨论侵扰的困境。

人工智能系统"小渴"基于深度学习的工人智能算法,对海量音乐专家的评分数据进行了学习分析。"小渴"能够从音准、音域、调性、节奏、语感、乐感六大维度对选手的表现进行评价,将评分以客观量化的方式展现出来,并以适合电视化的方式进行呈现,增强了节目的可传播性。

《渴望现场》和所有音乐类节目一样,具有专业性和广谱性两个特点。正是人工智能的存在,使《渴望现场》既降低了大众参与的门槛,又保持了音乐的专业性。《人民日报》对此给予了高度的肯定:"'科技+文艺'的深度结合,以及用音乐讲述选手精彩故事的模式,不但探索了电视音乐节目的创新路径,更丰富了中国故事的讲述方式。"

在《渴望现场》的节目中,"小渴"对竞演者的演唱进行评价,竞演者的歌声也为"小渴"提供了珍贵的声音资料,使"小渴"更进一步学习音乐。可见,无论作为技术支持,还是作为创作主题,人工智能无疑展现了其自身与文化产业的超高关联度,能够和文化产业达成合作,促进文化产业的大发展。人工智能教育对其合作和发展发挥着重要作用。

四、人工智能教育融入城市管理

人工智能教育融入城市管理，必定能够帮助人们建设更好的城市，拥有更好的生活环境。人工智能可增强城市公共安防管理，维护城市安全，还可以帮助人们建设更加舒适、便捷的智慧城市等。

杭州市政府和阿里巴巴联合打造了杭州城市数据大脑，通过充分利用城市中时时刻刻产生的数据，为城市的管理、运行提供治理方案。

通俗地讲，"城市大脑"就是一座城市的人工智能中枢。利用阿里云提供的人工智能技术，杭州的"城市大脑"可以对各个摄像头采集的城市信息进行全局实时分析，自动分配城市公共资源，在城市运行中提出解决方案，以此实现管理城市的目的。

值得注意的是，"城市大脑"仅仅是对现有数据进行分析和决策就实现了良好的管理效果。如果让"城市大脑"进一步在数据中学习，它会变得更加智能，在城市管理决策中的表现也会更好。

人工智能的迅速发展及其带来的各行业的智能化转变，使人们越来越意识到人工智能从各方面为社会带来的改变。除了对经济的推动作用，人工智能在社会公共安全领域同样大有可为，为每个人提供一张智能防护网。

国务院印发的《新一代人工智能发展规划》中曾明确提到，要"促进人工智能在公共安全领域的深度应用，推动构建公共安全智能化监测预警与控制体系"。这意味着人工智能在安防领域中的应用不仅有巨大的潜力，更有深刻的现实需求。

在大数据、人工智能等技术快速发展的背景下，警务模式的改革成了当务之急。《新一代人工智能发展规划》着重强调了人工智能在安防领域的应用，"围绕社会综合治理、新型犯罪侦查、反恐等迫切需求，研发集成多种探测传感技术、视频图像信息分析识别技术、生物特征识别技术的智能安防与警用产品，建立智能化监测平台；加强对重要公共区域安防设备的智能化改造升级，支持有条件的社区或城市开展基于人工智能的公共安防区域示范"。由此可见，在建设新型智慧城市、平安城市的道路上，智能安防是大趋势，而人工智能教育在其中能发挥很重要的基础作用。

第五章 人工智能教育现代化的学习方式

人工智能时代的到来,使得我们不能再以孤立的眼光和思维去看待和探索这个多样化的世界。技术的发展对人们的学习方式产生了巨大的影响。人工智能技术的不断发展并在教育领域逐渐应用,会对教育、对人们的学习方式产生颠覆性的影响。教学模式的变革不断深化,会不断影响学生学习方式的变革,会不断产生新的学习方式。那么究竟要如何学习,才能够融入时代的发展、合理地利用技术以高效地获取知识呢?以人工智能的视角来看,不同的学习方式,实际上是从不同的渠道采集了学习过程的数据,利用数据改进学习效果。

第一节 混合式学习:综合两个维度最好的部分

混合式学习的理论其实在20世纪80年代就提出了,它原本是指多种学习方式的结合——例如运用视听媒体(幻灯投影、录音录像)的学习方式与阅读印刷材料为主的传统学习方式相结合;计算机辅助学习方式与传统学习方式相结合;自主学习方式与协作学习方式相结合等。近年来,随着互联网、在线学习,特别是人工智能技术的发展,国际教育技术界基于混合式学习原有的基本内涵再赋予它一种全新的含义。所谓混合式学习,就是要把传统学习方式的优势和数字化或网络化学习的优势结合起来。

加利福尼亚州洛斯阿尔托斯(Los Altos)学区的桑塔丽塔(Santa Rita)小学是一所位于富人区的城郊学校,在2010年时,这所学校看起来与美国其他学校别无二致。其中一个名叫杰克的五年级学生,年初时他的数学成绩排名在班上靠后,他努力学习但总认为自己是那种永远"学不好"的孩子。在常规学校里,他可能会被监督并被划分到数学差的群体中。这就意味着他直到高中才能学习代数,这对他的大学选择和就业都会带来负面的影响。但是在不久后,杰克的故事有了很大的转折,他所在的学校把他的班级改变为一个混合式学习环境,使用可汗学院的在线数学教程和练习作为他每周3—4天数学课的一部分,而不是在数学差的群体中接受监测。当杰克自己在线上进行课前的相关自主学习后,再在网络学习平台上做测试题,不懂的知识和内容再拿到课下向同学或者老师咨询,再经过线上的习题练习进行自主探究、反思和提高。70天后,杰克的数学成绩排名一跃成为所在班级的前四名,他掌握学习材料的程度高于年级平均水平。杰克的快速进步听起来像电影情节或者魔术一样,但是它的确是真实的。

杰克的进步不是个案,由美国新媒体联盟出版的《2017年地平线报告(高等教育版)》所提到的"加速高等教育技术采用的趋势"中,混合式学习位居榜首。事实上,自2012年起,很多大学在混合式学习上都有着共同的实践和认识。

赫尔辛基大学(University of Helsinki)在一门音乐课程设计中融入了在线课程学习,希望以此来丰富传统的面对面教学方式,让学生能够在音乐学习的过程中更具有创造性思维。在这一过程中,几乎所有学生对数字化环境的反馈都是积极的。学生们称它的优势在于可以为自己提供更多的自主学习机会,能让自己运用现有的知识和经验关注到更多的新的话题和知识。

格拉斯哥大学在"2013—2020数组化学习战略"白皮书中谈道:在线学习如果与传统教学以混合式学习的方式结合,将会非常有效,目前格拉斯哥大学的很多课程都已经以混合式方式开展。

康奈尔大学认为混合式学习主要就是通过把面对面学习和网上学习的精华部分结合在一起,以此来实现"获取两个世界最好的部分"。科学技术能够更好地改进学习的形式,授课时间也相应缩短,可以更好地加强面对面的互动。

在传统课堂上,老师的授课内容、授课节奏以及授课时间是不变的,可是学生的学习能力是有差异的。因此,在一堂课上,老师并不能确保让所有学生都完成预期的学习目标和达到预期的学习效果。而混合式学习的线上学习部分,学生在观看视频学习的过程中可以暂停、倒退、快进、重复,并且学习时间可以自己掌控,也使得学习更加个性化,从而消除每个学生学习能力的差异性;同时,通过老师的精准指导、线上的即时反馈和来自同伴的帮助,能够更好地达到提高学习绩效的目标。

从大数据的视角来看,混合式学习实质上就是一个不断产生学习数据,并利用数据改进学习成效的过程。学生看视频时,在哪里停留了、在哪里后退了、在哪里快进了?同一道题,有多少人答对了、有多少人答错了、答对的人尝试了多少次?学生线上学习的时间段是如何分布的?哪些学生成为学习网络中的重要节点?事实上,每点一次鼠标,都会产生一条数据,所有的行为数据都能够被记录。学习者,既是数据的产生者,又是数据的获益者,老师可以根据采集到的数据,对教学资源、教学策略进行调整,同时对学习者提供精准的一对一指导,对线上没有解决的问题,还可以在实体课堂中进一步地学习与探索。

混合式学习将传统的教学活动从"以教为中心"转变为"以学为中心",不难看出混合式学习方式所带给学生学习的力量。这力量不仅让教学能够以学生的要求为准,创设学生个性的需求,并在技术的帮助下采用新方式有针对性地学,促进学生更多地自主学习和协作,让学生受益良多,真正实现"结合两个维度最好的部分"。

第二节 联通学习:群体智能促进个体学习

1998年,谷歌公司横空出世,由此将人类带入探索无尽网络资源的新纪元。在谷歌的帮助下,"了解"是十分容易的行为,想了解任何信息只在瞬息之间。在进入谷歌时代之后,搜索引擎让人们获取信息不费吹灰之力,迅速采集信息、快速作出决定成为部分人的常态化行为,不假思索成为一种通病。

2011年,美国哥伦比亚大学的心理学家贝特西·斯帕罗(Betsy Sparrow)发表在《科学》杂志中的研究指出,谷歌这类网络搜索引擎的兴起,已经改变人脑记忆信息的方式。斯帕罗解释说,网络已成为心理学家称之为"交换记忆"(Transactive Memory)的一种主要形式,这是指当我们知道何时以及如何存取信息时,记忆可通过外部协助完成。斯帕罗的这项研究并未暗示谷歌是否影响人类智能,但确实指出谷歌已使人们在获取知识的行为上变得更加简单。这未尝不是好事,因为我们可以不用再费力背诵一些随手可得的信息,而将大脑用在更有创造力的事物上。

在过去,我们总是尝试去记住知识,而斯帕罗认为,要掌握知识,比起记住,更重要的是从概念层面进行理解。记忆是一种更便宜的技能,我们更需要发展选择信息、建立信息连接的能力。

乔治·西蒙思(George Siemens)在2005年提出的学习理论与联通主义不谋而合。西蒙思在他的代表作"联通主义—数字时代的学习理论"中指出:学习是一个过程,这种过程发生在模糊不清的环境中,学习可存在于我们自身之外(在一种组织或数据库的范围内)。我们可将学习集中在专业知识系列的连接方面,这种连接能够使我们学到比现有的知识体系更多、更重要的东西。

联通主义正视了网络技术的发展对社会结构和人们学习环境的巨大影响,甚至改变了人类学习知识的方式。过去的学习理论不论是行为主义、认知主义或建构主义,关注的总是在学习者内部(头脑或者行为)发生的事情,而不关心在学习者外部和组织中是否也发生着学习。作为数字时代的学习理论,联通主义响应了当前的社会需求和变化。在大数据时代,信息的获取变得轻而易举,相对于掌握具体知识,获取知识的方法与解决问题的能力反而更加重要。

随着知识的不断剧增,人们个体获取知识的速度远不及知识本身更新的速度。联通主义指出:具有社会属性的知识、人、组织之间的相互联系和交流互动形成了个人的知识网络,而学习是个人知识网络的联结。对于某一个新知识的学习,最好的方式其实是迅速找到相关领域知识的研究,然后与该领域的人不断交流学习,吸收他人的智慧与经验,从而快速地了解一个领域,快速掌握大量的知识。

联通主义表达了一种"关系中学(learning by relationships)"的观念,因此,还能够投射到更大的学习环境之中。当人们听到虚拟社区、协作网络课程、分布式多媒体、虚拟协作、浸润式环境和泛在计算的时候,他们需要一种像联通主义这样的整合性理论观点,以加深他们对于如何利用这些新技术的理解。

第三节 移动学习:面向未来的学习方式

2019年2月24日,华为发布了跨时代的手机产品MateX,这款手机采用了柔性屏幕，折叠起来是手机，展开后可以作为平板电脑使用，随之而来的还有 5G 技术的运用。如今，移动互联网发展迅速，手机更新换代的速度越来越快，应用也越来越广泛，移动社交、移动支付、移动观影等已成为当今社会一种主流的生活方式，而紧随其后便是移动学习。

移动学习被称为 M-Learning(Mobile Learning)，是利用现代通信终端，如手机、平板电脑等设备进行灵活自主的学习。学习者不再被限制在电脑桌前，可以自由自在、随时随地进行不同目的、不同方式的学习。学习环境是移动的，教师、研究人员、技术人员和学生也都是移动的。

美国斯坦福大学的学习实验室很早便开始了关于移动的应用实践研究。他们认为无线网、iPad 等应该能够帮助学生使碎片时间更富有意义。他们将移动电话应用于学生的语言习字环境中，将外语学习(比如西班牙语或者其他语种)作为学习内容。在 2001 年夏天，该实验室开发了几种较为简单的 M-learning 模型，也是较早就应用于实际的移动学习模型，让学生可以随时在"移动"中学习，也可以利用自己的碎片化时间在一个安全可靠的环境中进行知识的预习、复习和练习。

爱尔兰教育技术专家基更(Desmond Keegan)在他的《从远程学习到电子学习再到移动学习》(From d-learning, to e-learning, to m-learning)一文中，将移动学习放在了远程教育的最新阶段，可以说，移动学习是一种面向未来的学习方式。

对于移动学习，可能不少人还有困惑，究竟何时、何地、何种方式的学习才算移动学习呢？之所以有这种困惑，其实源于我们对于"正式学习"和"非正式学习"的严格区分。"正式学习"是指发生在实体场所的有监督的学历教育或继续教育；而"非正式学习"指在非正式学习时间和场所发生的，通过非教学性质的社会交往来传递和渗透知识，由学习者自我发起、自我调控、自我负责的学习。

让我们回到问题的原点，学习是什么？有人会告诉我们学习是教室里那日复一日地头悬梁、锥刺股，是实验室里那一次次泪洒衣襟的失败尝试，但学习也可以发生在一个夏雨初晴的等公交的午后，也可以发生在一次愉悦的老友聚会期间。数十年来，我们一直试图通过正式的学习来培养未来的接班人。如今，越来越多的研究表明，非正式的学习更能让学习者成为一个完整的、社会的人。调查发现，学龄期儿童约有 79% 的时间在进行非正式学习，在个体的整个生命周期中有近 90% 的时间处于非正式学习情境之中。在职业发展中，个体 70%—80% 的职业技能来源于非正式学习（数据来源：中国社会科学网）。非正式学习更依赖于个人的主观能动性，更强调在反思、操作、实践、分享中实现意义建构，它对个体发展和社会变革具有非常重要的影响。

我们不会从正式的课堂里学到如何做糖醋排骨，但我们可以从一篇微信公众号的文章里了解到详细的步骤。学校的课堂告诉了我们大数据的概念，我们可能对此依然熟悉又陌生，但我们可以从 CSDN 的一篇博文中详细了解到滴滴、美团等公司的大数据架构。人们创造了诸如微信、秀米、美篇、易企秀等一大批易于实现内容分享的社交软件，而今，这些平台也成为知识分享、碎片化学习的前沿。只要我们愿意去学习，我们就能获取各种知识，诸如从"如何做 PPT"到"设计大数据架构"，应有尽有。在教学上，也有蓝墨云、雨课堂等一大批移动 App 被运用到正式的课堂上。

稍显遗憾的是，至今还没有哪一个平台能够有效地整合"正式学习"和"非正式学习"。但技术的飞速发展，让我们有理由相信，移动学习将成为整合正式学习和非正式学习的最大可能。人类从狩猎时代到农业时代用了几万年，从农业时代到工业时代用了几千年，而由工业时代到原子时代，只用了两百年，之后，仅用了几十年，就进入信息时代。得益于人类文明这种加速进化的能力，技术的发展会越来越快，在未来的学习中，移动学习将是各种学习平台的集大成者。正如美国的教育学者 Terry Heick 所描绘的那样，内容获取让我们能随时随地地获取知识，智能加持让我们实现多人协作，透明性让我们在学习的同时连接到本地和全球的任何社群，学习方式将更加多样化、更加个性化，同时兼具实效性、娱乐性。

移动学习以最平易近人的方式，提供了独一无二且无与伦比的学习机会。移动学习将为前面所提到的"混合式学习""联通学习"提供良好的载体，移动端也终将成为采集教育大数据的重要入口，成为下一节即将提到的"量化学习"的重要数据来源。让我们为未来的移动学习做好准备，去尝试一下用"为知笔记"来记录学习中的点滴，用"微软小蜜"来进行课件识别，用"坚果云"来同步学习资料，用"百词斩"来记单词……唯有通过一次次不同的移动学习体验，我们才不会被技术的发展甩开太远，才能拥有在这科技引发巨变的时代中不断自我发展的资本。

第四节　量化学习：利用教育大数据改进学习成效

电影《美国队长3》里有一个镜头至今让人印象深刻，邪恶组织九头蛇设计了一段名为 Zola 的程序来选择刺杀的目标，这些目标是在各个领域的杰出人物或者有可能在未来很杰出的人，Zola 从银行信息、医疗历史、投票规律、电邮、电话甚至是考试成绩情况里提取数据，评估人们的过去并预测未来。

其实，这一幕如今已不仅仅出现在科幻电影里，随着数字化生活的加速，人类社会已进入一个一切皆可量化的时代。2007 年，《连线》杂志的编辑加里·沃尔夫和凯文·凯利发起了一场名为"量化自我"的技术革命，用输入、状态和表现这样的参数，将科学技术引入日常生活中，其目的是通过自我追踪进行自我认知，以达到对自我更理性化的认识和掌控。

量化自我代表的是大数据时代的一种趋势。运动健身，可以数字化为手机屏幕上的步数与卡路里消耗值，现金支付，可以数字化为在线支付中的几串数字与小数点。量化自我的终极目的是通过自我追踪来进行自我认知。当你对生活中一些数字化的场景运用得如鱼得水，比如出门带手机而不再带钱包；通过自己的运动数据制订合理的运动计划而无需专业人员的指导；网络上即可预订好一切而不用为旅游的行程过度操劳。当一切都以数字化的形式呈现在我们的眼前时，我们正在以一种全新的视角审视自己：资金流动不再局限于银行寄来的纸质账单，各种收支在数字化中一目了然；身体的极限不再以肌肉酸痛和呼吸急促的形式被动面对，而是可根据各种运动数据合理地规避和锻炼。正如千年以前的阿波罗神庙中的三句箴言之一所言：认识你自己。以数字化来认知自我，也许就是对这句箴言最好的践行。

量化学习作为大数据时代所特有的学习方式，其目的也是在于让学习者认清自己，及时调整以改进学习。美国马里兰大学在 Blackboard 课程管理系统中创建了一个名为"检查我的活动"的学生反馈工具 CAM，帮助学生评估自己的学习过程。这一工具可以分析 Blackboard 课程管理系统中获取的原始数据，并为学生和教师提供不同的数据分析报告。从分析报告中，学生可以了解自己在系统中学习的所有课程的情况，包括访问的次数，在每一门课程中学习活动的平均水平,以及在班级横向比较中的学习程度,如作业中的得分情况,参与学习活动的频率等。如果学生对某门课程的参与程度不高,系统会将其在此课程中的成绩以红色标注,提醒该学生应该采取行动,并提示任何人都愿意在本学期或者整个大学期间为其提供帮助,直至其成功。此工具成功地提高了学生的学习效果,在教师自愿使用该工具的 131 门课程中,有 39% 的学生原来的成绩是 D 或 F,已经上升到 C 级以上。不能说运用 Blackboard 就一定能造就好的学生,但 CMA 是为学生量身定做的另一个自己使用并自己制定适合行动的评价工具。

我们已经习惯了每天在微信上查看自己的步数排名,也习惯了通过查看好评率或者顾客评价来帮助我们购买商品,那我们为什么不能根据学习数据来为自己量身定制一套适合自己的学习方案呢?大数据时代,一切学习资源、学习行为均可量化。作为学习者,我们所需要做的,仅仅是利用各种成熟的工具来发现这些数据背后的规律,透过数据更好地认识自己,从而改进自己的学习。这一类的工具有很多,除了前面提到的马里兰大学的 CMA 工具,还有普渡大学的课程信号系统、希维塔斯学习分析系统等,面对这众多的工具,学习者应该从哪些维度进行量化学习呢?

首先是资源,互联网让资源呈爆发式增长,但这些资源良莠不齐,即便是学习网络课程,也存在同一个主题多门课程的情况,如何在最短的时间内找到适合自己的资源,我们可以借助量化的思想来缩短资源筛选和获取时间。不管是书籍、论文,还是音频、视频,我们可以从点击率、下载量、好评率等多个方面进行综合的排比和筛选,就好比我们准备买车时,在某些网站上进行参数对比,我们还可以借助一些工具对优秀的资源进行标注。其次是学习反馈,当我们参与各种线上活动时,系统会及时给予反馈,如答题时间、正确率、尝试答题次数等。借助这些反馈信息,我们可以随时调整自己的学习进度、学习路径,为自己制订最适合的学习计划,以最佳的状态来投入到学习之中。最后是社会网络发现,利用工具我们可以很轻松地发现学习网络中的重要节点,尝试与这些重要的节点建立有效的连接,能够大大减轻在线学习的孤独感,缩短自身掌握新知的时间成本。

历史的车轮滚滚向前,我们都不可避免地与数字世界有了越来越多的交集。当我们掌握了如何从纷繁芜杂的信息海洋中发现知识,如何以数据驱动并改进学习,如何建立高效的学习网络时,大数据才成为一把真正的利器,让我们凌驾于数字之上,真正地成为自己的主宰者。在那样一个瞬间,我们便从数字中得到了自由。

第五节　深度学习：成为适应和驾驭未来的人

1900年，美国的教育者参照了工业体系中出现的有效工厂体系，创造了一个通用的教育体系：学生按年龄划分年级，按年级将学生安排在不同的教室并配备一名教师，教学和测试都被标准化。在那个年代，这种工厂模式的教育培养了大量的学生，但这些学生所从事的工作大部分不需要更高层次的教育，只有大概17%的工作需要知识型人才。

如今，科学技术飞速发展，超过60%的工作都需要知识型人才，按照布鲁姆的学习目标分类，如今和将来的人才培养更加重视高阶目标的达成。学术性的知识和技能本身不能使学生成为适应和驾驭未来的人，学生还必须知道如何分析、评判、协作、创造和创新，这些"软技能"也构成了"21世纪素养"的核心。

深度学习源自计算机科学、人工神经网络和人工智能。如今，深度学习正从计算机科学、人工智能走向教育领域的前沿与实践。浅层学习指的是机械记忆、简单理解等低层次思维活动，深度学习涉及理性思辨、创造性思维、问题解决等相对复杂的高阶思维活动。

人类学习如何才能摆脱浅表层的学习，实现高阶思维的深度学习呢？在过去工厂模式的教育体系下，这很难实现，学习往往依赖于教师的教学策略和学生自身的悟性。如今，借助大数据、人工智能的力量，批量化、可复制的深度学习成为可能。我们还是通过一个实际的例子，来说明深度学习是如何借助平台和数据实现的。

哈佛医学院的迈克尔教授提出了一个概念：精密教学策略。他很好地了解学生的认知发展阶段，因为不同认知阶段的学生用不同的方式处理知识，而老师用同样的教学方法对待认知阶段不同的学生，并主要依赖于考试以及分数来衡量学生对知识的掌握程度。迈克尔教授认为学生理解发展的阶段是由任务顺序构成的，每一个阶段（层级）都是下一个阶段（层级）所需的基础。迈克尔教授用了一个17层的等级复杂度模型来描述不同的认知阶段。如果想要达到下一个认知层级，需要完成以下任务：该任务是由至少两个不同的、难度较低的任务组成，比如掌握乘法需先掌握数字和加减法；高层次的任务能够整合难度层次较低的任务。

迈克尔教授搭建了这样一个学习系统的致密教学策略,并引导我们登录系统体验实际知识,在这个学习过程中,正如他事先设定的认知等级一样,一开始大家都很轻松,并产生了强烈的学习兴趣,每个人都尽力去完成不同阶段的学习任务。随着学习的深入,挑战越来越大,类似游戏中的闯关,如果参与者正确率没有达到目标频率,则无法进入下一层次的学习。越到后面,越要综合运用前面的知识来完成复杂的任务。到最后,所有完成学习任务的人都看到了自己的显著进步。

我们回头再来看看这一次批量的深度学习是如何达成的。除了良好的教学理论和教学设计的支持,在这个过程中,大数据、人工智能技术取代了教师的大部分工作:

(1) 收集学生行为及学习表现,了解不同学生的认知阶段;

(2) 通过了解学生的认知能力,提供适合不同学生所对应的不同资源;

(3) 问题以难度的区分分为不同的部分(最简单的问题放在最前面),题目难度最大限度匹配学生的表现和学习能力。

"精密教学"策略给人以很大的启发,迈克尔教授的平台不是人人可以登录的,但类似的学习系统如今却是随处可得。借助精密教学的思想,学习者想要更好地实现深度学习,不妨在学习过程中作以下尝试:

将知识分解成非常小的问题:

(1) 从系统获取实时的学习表现以强化自身的学习动力;

(2) 在回答问题后寻求及时的反馈和解析,以便通过正确答案;

(3) 利用系统制订进阶式的学习路径以促进知识的完全掌握和运用;

(4) 利用答题系统的试错机制进行大胆猜测,拓展思维的广度和深度。

这是一个最好的时代,也是一个最具挑战的时代。在没有大数据这一概念之前,人们总是习惯用自己的情感与理智去抉择事情。大数据的出现让我们从总结因果性到发现相关性,也让我们的学习方式有了更多的选择。而选择往往是一个更大的难题,"乱花渐欲迷人眼",即便是算无遗策的大数据,也不可能预测到最适合未来的学习方式,毕竟人的因素是最大的变数,人心的差异才是"世界上最遥远的距离"。①

---

① 李珩:《开启教育信息化——教育大数据》,重庆大学出版社 2019 年版,第 75—95 页。

第六章 人工智能教育现代化的展望

随着"人工智能+教育"的发展,未来的教育现代化将进入教师与人工智能协作共存的时代,教师与人工智能将发挥各自的优势,协同实现个性化的教育、包容的教育、公平的教育与终身的教育,促进人的全面发展。

一方面,人工智能在教育中的运用,使得学生在学业学习、身心发展、社会成长等各方面的情况以及隐性的学习发展过程,都能够得到更为精确、明确地呈现[①]。利用各类学习数据,人工智能将协助教师,共同为学生提供权威的学习支撑、精准的学习内容和活动以及多元的教育服务,从而实现学生的全面和个性化发展。另一方面,人工智能在教育中的应用将使得正式学习和非正式学习环境相互连接,进而逐渐促使泛在学习成为一种基本形态。学习者可以在日常生活中利用各类智能设备获取知识,实现人人、时时、处处可学的终身学习[②]。

人工智能支持下的未来教师角色也会发生极大的变化,教师知识性的教学角色,会越来越多地被人工智能替代,教师的育人角色,将越来越重要。我们将迈向教师与人工智能协作的未来教育时代。

第一节 未来教育要关注个性化、适应性和选择性的学习

未来教育有三个核心的关键词,即个性化、适应性和选择性。基于大数

---

① Self J.,"The defining characteristics of intelligent tutoring systems research: ITSs care, precisely", nternational Journal of Artificial Intelligence in Education (IJAIED), 1998(10), pp.350-364.
② 余胜泉:《人工智能教师的未来角色》,载《开放教育研究》2018年第1期。

据、人工智能建立促进个性发展的教育体系,是未来学校发展的基本趋势。未来在对学生进行完备的学习数据记录和分析的基础上,在精确了解每个学生个性特征的基础上,可以建立线上线下结合的、个性化的教学空间,可以精准推荐权威的知识、学习数据、学习内容和学习活动,开展面向学习过程的评价,增加学习的适应性与可供选择性。同时学校会把网络教育融入其中,为学习者提供更多选择,支持学生选择适合自己个性的、秉性的教育。

通过分析学生学习的全过程数据,教师不仅能够制定规模化的教学策略,还可以精确了解到每位学生的学习情况,实现适应每个个体发展的个性化教学。

教师要关注到每个个体之间相互竞争、相互依赖的关系,要关注生态圈里每个组成个体的需求,使每一个儿童在其原有的基础上获得适合他自己的教育服务。

第二节 未来教育要关注学生的核心素养和全面发展

从工业化大生产时代进入人工智能时代,需要改变从前工具型、流水线模式的人才培养模式,转向创意型、个性化模式的人才培养模式。人工智能时代,人的知识性记忆已经比不过机器,关键是能力的发展。我们培养的人不能只具备简单的思维和计算等能力去与机器竞争,我们培养的人应当具备智慧、综合素质、综合能力,我们要培养人的人格、善良的品质、同情心,使其富有智慧、学识、能够解决实际问题、有深刻的洞察力,能够为自己的生活和社会承担责任。因此应注重发现和培养学生兴趣,促进学生多元智能的发展,培养学生21世纪技能、核心素养。此外,应引导学习者在学习和工作中,不仅学会人人协作,还要学会人机协作,才能更好地适应未来时代的发展。

人工智能在教育中的应用将会使学生获取知识的方式发生相应的转变。教师将从烦琐、机械、重复的事务性工作中解脱出来,讲授知识性的功能会被人工智能所取代,教师的工作重心会转移到育人方面,将更多的时间和精力用于同学生的情感交流、设计具有创造性的教学活动、引导学生探究学习。在这一过程中,教育要从面向知识体系的传授,转向面向核心素养的培养,学生的创造能力、审美能力、协作能力、知识的情境化、社会化运用能力将是教师所应关注的核心和重点。

第三节　未来教育要关注学生的灵魂和幸福

未来的教育应该是幸福的、更加以人为本的教育。教育是为了实现灵魂的成长,是使我们能感受到更美好的事物的阶梯,教育绝对不仅仅是一种谋生手段,而是能使我们灵魂获得启迪的。教育要尊重生命、发展生命,教育是心灵与心灵的碰撞、是灵魂与灵魂的启迪。面向未来的教育应该更加尊重学生、更加关爱学生,以学生为本,为学生一生的幸福和成长奠基。我们一生当中大约 1/4 的时间都要在学校度过,这 1/4 的时间不仅是在为未来学校做准备,而且也是非常美好的生活状态。

在人工智能时代,随着智力劳动的解放,教师有更多的时间和精力关心学生心灵、精神和幸福,跟学生平等互动,实施更加以人为本的教学,使得学生更具有创造性。由于机器不具备心理属性和社会属性,没有人类的社会交往和情感变化能力,也无法主动发现教学中的问题,所以教师应更加看重自身作为人的独特价值,在工作中着重培养学生创造未来的社会责任。教师的责任一定不是灌输知识,而是帮助每个学生成长,成为人生导师或者心理咨询师,帮助每个学生发现自己的优点,实现人生的价值。[①]

第四节　未来教育要关注人机协同的制度体系与思维体系

人工智能变革教育,首先体现在智能化教育装备、智慧化教育环境上,其次是嵌入人工智能服务的教育业务流程与制度,最后是人机结合的思维模式的转型。要善于运用人机结合的思维方式,使教育既实现大规模覆盖,又实现

---

① 赵勇:《未来,我们如何做教师》,载《师资建设》2018 年第 1 期。

与个人能力相匹配的个性化发展。

我们要利用外部工具或者智能设备来发展自己的智慧,认知外包现象将成为常态。一个人的智力是有限的,有了手机、电脑、人工智能后,我们处理信息和数据的总量,应对突发事件的能力将会大幅度地提高。人与电脑的结合可以突破人类个体认知的极限,使得我们能够驾驭超越个体认知极限的复杂性,能够处理超越个人认知能力的海量信息,能够应对超越个体认知能力极限快速的变化。

对于教育管理者而言,教育管理、教育监测、教育决策等活动将更多地依靠教育数据挖掘、数据分析进行。教育管理者的经验性智慧和机器的精准判断相结合,以实现更高效率和更科学的决策。发挥人工智能精确化、数据化的优势,结合人的智慧的经验性和灵活性,实现人机协同的智慧决策。

随着人工智能技术与教育的逐渐融合,教师的工作重心将发生重大变化。一方面,烦琐、机械、重复的脑力工作将由机器代替教师完成,例如,智能批改技术能够将教师从繁重的作业批阅工作中解放出来;另一方面,人工智能技术将作为未来教师工作的有机组成部分,通过人机协作,辅助其完成日常工作,实现高效教学。跨越多个领域的综合性课程,期望由教师独自完成不切实际,需要教师间协同、教师与人工智能协同来完成。今后,一门课可能由多位教师负责,各自有各自的角色。互联网的万物互联改变了社会组织机构以及大规模的社会化系统,未来课程要基于跨越学校边界的社会化协同分工完成教育服务。

新时代个性化教育强调促进学生全面发展,这对教师就有了更高的要求。基于此,未来教师会向两个方向分化:一是人工智能支持下的全能型教师,即教师既要对个人提供个性化的支持,又要对各具特色个体组成的、带有生态系统性质的群体提供全方位支持,这就要求他们要掌握学科知识,教学法律知识、技术知识,认知脑科学发展、儿童身心健康相关知识,还要具有领导力和社会协作能力,一般教师很难企及。但在人工智能的支持下,教师能够全能地负责儿童的身心健康和全面发展;二是专业型教师。教师的工作以后会有精细的、个性化的分工。不太可能让每一位教师都成为全能大师,但部分教师可以在某一方面做到极致[①]。未来的教育将进入教师与人工智能协作共存的时代,

---

① 余胜泉:《"互联网+"时代,教育走向何方?》,载《中国德育》2017年第14期。

教师与人工智能将发挥各自的优势,协同实现个性化的教育、包容的教育、公平的教育与终身的教育,促进人的全面发展。

第五节　未来教育是开放的、融入生活的终身教育

未来教育是开放的、融入生活的。学习不仅仅是在获得某一种技能,更是一种生活状态。教育是终身的、全面的。

未来的教育在时空方式上是多样性的。传统教学的组织方式将会改变,学习行为已经不限于学校,突破了时空界限和教育群体的限制,人人、时时、处处可学。学校的围墙正在被打破,学校开放是大势所趋,将涌现越来越多的来自专业性的社会机构,所供给优质教育服务类的学习将无处不在,"泛在学习"的时代即将到来,任何人(Anyone)、任何地点(Anywhere)、任何时间(Anytime)使用任何设备(Any Device)可以获得所需的任何信息和知识(Any Things)。泛在学习是基于学习者自身的需求的,使人们能获得很多能立即应用到实践当中去的知识和技能,它是因时、因地、随需而发生的,是一种自我导向的过程,是一个适量学习的过程,在学习者最需要的时候为他们提供知识信息,而不论他们处在什么样的场所。学习将是自己需要什么,就能获得什么,而且是以最合适的组织方式、表现方式、服务方式来获得,是一种按需学习。

未来社会学校的围墙会慢慢被打破,学校会越来越开放,我们的学习也越来越不局限于学校。教育的供给是社会化的,优质的教育资源、教育服务不一定只来自自己所在的学校,完全可以跨越学校的边界,由外部的机构、外部的个体来提供,未来教育的形态一定是虚拟空间与现实空间相结合的,它是可以穿越组织边界的。整个教育体系的核心要素将重组与重构,学习的消费者、内容的提供者、教学服务者、资金提供者、考试的提供者和证书的提供者等都有可能来自社会机构,专业化的公益组织、专门的科研院所、互联网教育企业等社会机构将成为优质教育供给的重要来源。[①]

---

① 余胜泉:《人工智能+教育蓝皮书》,北京师范大学出版社2020年版,第239—242页。

第六节 人工智能教育的三大关键

关于人工智能的教育,我们需要回答这样一个关键问题:如何教授人们关于人工智能的知识,使他们能够从中获益呢?

如果我们想要让人们从人工智能中的获利最大化,就需要在针对各个阶段的教学课程,即儿童时期、成人时期、老年时期中引入三个关键部分。

首先,每个人都需要充分了解人工智能,这样才能有效地使用人工智能系统。这一部分对人工智能和人类智能来说都是至关重要的,因为它能使二者相辅相成,让我们从二者互惠互利的关系中受益。比如说,针对特定问题的解决方案,如果人们需要选择特定的人工智能和技术,就意味着人们不限智能所参与的部分。

其次,对于人工智能可以用于处理何种问题以及不可以用于处理何种问题,每个人都应该有发言权,这是开发人工智能相关课程的第二个关键。要如何利用人工智能来影响世界,对此如果我们想要帮助决策者提出合理要求,就必须深入了解和人工智能相关的道德规范问题,也就意味着有一部分人需要接受相关知识的培训。人工智能应该用于何种用途、可以用于何种用途、将会用于何种用途,此类决策对社会而言都具有重大的影响,如果人工智能教育的必要性没有引起我们足够的重视,就有可能让人们在面对此类问题时无法做出合理的决策。

最后,一部分人还需要足够了解人工智能以开发下一代人工智能系统,此为开发人工智能课程的第三个关键要求。如果我们想让教师为年轻人迎接新人工智能时代做好充分准备,如果我们想让教师能够激励年轻人在将来以设计和构建人工智能生态系统为职业并为他们选择此职业打下坚实基础,那么就必须有人来对教师和培训师展开培训,使他们能够为未来的工作角色做好准备。这是各国政策制定者亟须考虑的问题,并且需要各种管理教师发展和培训的组织参与进来,共同合作。我们迫切需要年轻人掌握大量关于人工智能的知识和技能,因此教育工作者也需具备同样的知识和技能。

面对人工智能的飞速发展,我们亟须认识到教学和培训领域对此做出响应的迫切性和重要性,如果认识不到位或者未能及时采取相应措施,我们都有可能无法迎来人工智能革命理应带来的繁荣。

　　从一个更积极的角度来看,人工智能教育的开发不仅可能涉及各学科知识层面,而且可能涉及培养教师们的必要技能,支持和培养学生协作解决问题的能力。不仅如此,它还可能会使教师掌握数据科学和学习科学相关的技能,这样一来,面对与日俱增的关于学生们学习的数据,他们便能从中获得更多的见解。

第七章　人工智能教育现代化的反思

第一节　人工智能教育现代化目前存在的问题

第一,从技术层面讲,现阶段人工智能教育技术还未成熟,处于弱人工智能阶段。人工智能技术当前已在语音识别、视觉识别等特定领域实现初步的技术突破,但在类脑认知与计算、自适应机器学习、综合推理、混合智能等方面,和群体智能等方面还存在较大瓶颈。目前的人工智能自适应学习产品存在数据维度少、颗粒粗、学习模型以偏概全、动态化调整不够智能等问题[①]。另外,亟待解决的是如何将不同层次、不同角度描述智能特点的多个领域或学派进行融合,利用迈向融合的智能技术解决教育发展中的问题和难题。

第二,从应用领域来看,目前人工智能教育应用较多关注学生学习过程,对学生成长、综合能力应用和深入、扎实的科学研究都还比较欠缺。在智慧科学和智能技术结合以及关注特殊教育群体方向发展、身心健康等方面关注较少。人工智能技术与教育的结合还不够紧密,灵活、全面的实践应用和研究还有待加强。

第三,在数据利用方面,不同教育系统、平台之间存在大量数据没有开放和共享,未形成统一的标准,以致形成众多数据孤岛。数据分析模型的科学性和准确性仍是短板,制约了大数据等技术在一线教学中的推广应用。且对于线下学习活动数据,尤其是过程性学习数据及学习情绪数据等综合素质评价的科学性等[②],由于诸多因素的限制,难以实现有效全面的采集,进而影响完整学习过程诊断的准确性及针对性。

[①] 艾瑞咨询:《中国人工智能自适应教育行业研究报告》,2018年。
[②] 杨现民、田雪松:《中国基础教育大数据2016—2017:走向数据驱动的精准教学》,科学出版社2018年版,第220页。

第二节 人工智能教育现代化伦理道德反思

目前,大多数人工智能教育现代化的研究、开发和应用都处在"道德真空"之中,不受法律和政策的约束,人工智能教育现代化在实际研究和应用时,面临着诸多伦理道德问题亟待解决。

第一,人工智能算法不是万能的,其准确度无法达到百分之百,它向用户提供的信息有可能存在偏差甚至错误。如果一个孩子在学习的过程中使用了人工智能算法所提供的非正确信息,导致对其学习进度产生了负面的影响,那么,应当由谁来对此负责,这是一个值得探讨的问题。同时,数据本身的特性可能会在人工智能算法应用于不同群体时产生不同结果。来自美国伊利诺伊大学的 Nigel Bosch 指出,有关学生学习行为、学习情绪和学习产出的机器学习模型并不总能很好地推广到不同群体中。缺乏模型泛化所导致的系统偏差,会造成模型在某些特定学生群体上表现出的准确性低于其他群体[①]。例如,对于 STEM 中的女性学生群体,由于该部分数据本身不够充分,不易于通过建模提取其中的特征,因此在对 STEM 全体学生进行建模时,会由于模型对女性学生表征的不足而造成较低准确率,进而使得女性学生在使用该模型提供的信息进行学习时,所获得帮助的程度远低于男性学生。

第二,智能技术存在缺陷,不能"唯数据至上"。在进行重大决策时,需要多个智能系统联合决策,如果有分歧,需要加强人工干预。充分发挥人的经验性智慧和机器精准判断的优势,实现更为科学的决策。由此可知,在教育领域进行人工智能算法应用时,需要有相应的规范来明确使用时的潜在不良后果,以及产生不良后果之后责任应当如何划分,研究者也应尝试解决"人工智能+教育"的应用所引发的不公平问题。

第三,在人机交互过程中,机器的语言、行为对人有多方面的影响,特别是在基础教育领域,面向的主要人群是未成年人,易受不良信息的误导。Mike Sharples 在研究人工智能和非正式学习的伦理相关内容时认为,人类在一定

---

① "Ethics in AIED: Who cares?", https://aiedethics.wordpress.com/presentations/, 2018-09-19.

程度上通过为自己创造合理的叙述来解释自己的信仰和行为。人工智能有可能调整和改变这些叙述,从而创造不同的故事,甚至约束我们的生活①。因此,在进行"人工智能+教育"的研究和应用时,如何甄别信息的良莠,并将交互过程中的糟粕信息过滤,是尤为关键的问题。

第四,人工智能研究和应用过程中均会产生和分析大量的数据,涉及学习者的隐私,因此数据的监管需要得到重视。以智能辅导系统为例,学习者注册登录系统时,个人身份信息、地理位置等私人信息会被系统获取,同时,学习者在使用系统的过程中也会产生大量的行为数据,这些数据内部蕴含着学习者的个人特性,因此也属于私人信息。如果没有信息安全协定,用户隐私方面会存在极大安全隐患,一旦数据泄露,将会造成巨大的安全问题。再就是关于数据权属的问题,学习者学习过程中的数据,归属权属于个人、平台还是学校,目前尚未有明确的规定。

总体来说,人工智能教育应用的相关标准、法规还有待完善。研究和实践领域普遍缺乏较为完整的方针和标准,来处理在教育中使用人工智能所引起的具体伦理道德问题。研究者需要明确,伦理和道德方面的成本必须与"人工智能+教育"的创新和潜力相平衡,以便为学习者和受教育者带来真正的利益。②

第三节　理性看待人工智能对教育的影响

我们应秉承理性的态度看待人工智能的教育影响。既不要高估——短期它不会对教育产生实质性影响,又不要低看——人工智能叠加其他技术,如叠加大数据、叠加互联网、叠加增强现实后的影响,经过长时间的进化后,可能会实质性地改变教育体系。人工智能变革教育,首先体现的是各种智能化的教育装备,各种智慧化的教育环境,其次是嵌入人工智能服务的教育业务流程与制度,最后是人机结合思维模式的转型③。因此,应引导教育相关群体正视人工智能对教育影响的发展性,并给予客观的价值引导。

---

① "Ethicsin AIED: Who care?", https://aiedethics.wordpress.com/presentations/, 2018-09-19.
② 余胜泉:《人工智能+教育蓝皮书》,北京师范大学出版社 2020 年版,第 242—245 页。
③ 余胜泉:《人工智能教师的未来角色》,载《开放教育研究》2018 年第 1 期。

教师作为教育行业的重要组成部分之一,其角色功能也会随着人工智能对教育产生的影响而相应发生转变。一方面,人工智能的优势在于精准、速度和标准,教师的优势在于情感、温度和创新[①],因此教师对学生的道德示范、情感沟通和交流变得更为重要。人工智能时代教师职业并不会被取代,但教师的角色发生转变,教师从知识的传授者转变为学生学习的引导者和促进者、学生成长发展的精神导师。另一方面,未来的人工智能技术能够将教师从繁琐的事务性工作中解放出来,代替老师完成基本的知识传授,有利于提高教师的工作效率,这同时也对教师智能技术学习和使用能力以及创造性设计教学的能力提出了更高的要求。因此,人们应当正视人工智能时代教师角色的变化。顾明远教授指出:"教师的教育观念、教学方式方法需要改变,但教师培养人才的职责没有变。教育活动蕴含着人的情感、人文精神、师生情感交流是一种不可或缺的教育力量。教师在未来教育中发挥作用,就要具备较强的学习意识、开放意识和创新意识,不断学习,应时代的要求,培养未来社会的公民。"[②]

[①] 艾瑞咨询:《中国人工智能自适应教育行业研究报告》,2018年。
[②] 顾明远:《未来教育的变与不变》,载《基础教育论坛》2016年第33期。

第八章 人工智能教育现代化的典型案例分析

第一节 可汗学院——人工智能时代的教育现代化革命

1946年,第一台电子计算机ENIAC在美国宾夕法尼亚大学诞生。对于教育领域而言,第三次工业革命时期的"科技之花",终于在21世纪的第一个十年孕育出了灿烂的果实,让我们的教育从传统的"班级授课式规模化教育"跃向了"生态化、网络化、分散化、生命化的个性教育"。回顾可汗学院的诞生历史,住在波士顿的萨尔曼·可汗主要通过雅虎通聊天软件、互动数位板等来帮其表妹进行补习。为了让表妹听明白,他的讲解语气轻松,内容浅显易懂,表妹的数学进步明显。很快,其他亲戚朋友也找其来帮忙补习,他带的孩子人数达到了十多人,这让可汗有些忙不过来了。

于是他写了一些程序来协助教学,这些程序能生成数学习题,并显示孩子们提交的答案是否正确,同时也可以收集数据。程序追踪每个学生答对和答错的习题数量,以及他们每天用于写作业的时间等。通过反馈机制的拓展和改善,可汗能够了解学生是如何进行学习的,而不仅仅是学习了什么。有了这些信息,可汗可以解决传统数学中一些无法解决的难题:学生花费在他们答对的问题上的时间多还是花费在答错的题上的时间多;他们是通过努力学习还是得益于偶然性的灵感来答对题目;学生出错是因为没有理解知识点还是因为生理上的疲惫等。这些出现在学生学习过程中的常见问题,终于可以从科学数据上寻找答案。

后来,可汗把自己的数学辅导材料制作成视频,放到YouTube网站上,方便孩子们去获取。考虑到学生的注意力持续时间不长的问题,他将每个视频都做得很短,平均 5—10 分钟,以方便学生理解。让人没想到的是,视频竟然流传开来并受到了网友们的热捧。甚至有网友留言:"我的孩子有读写障碍,只有看可汗的讲课视频才有所好转。"还有网友发邮件说:"你真是个大好人,祝你全家幸福。"作为一名金融从业人员却受到人们如此赞誉,可汗激动不已,这坚定了他继续制作在线课程的信心。只是当时的萨尔曼·可汗不会想到,他的这个行为从此永远地改变了教育世界,改变了传统的学习模式。

经过十多年的发展,如今的可汗学院已经得到了全世界的认可,作为人工智能时代引领教育革命的先驱,我们再回过头来看看,究竟有哪些要素促使了可汗学院的成功呢?

一、生动的教学视频

在可汗的教学视频中,没有制作精美的图像画面,也没有口若悬河、眉飞色舞的授课教师,有的只是在一块写字板上写下的数字、符号,或是画出的一些简易图形。讲解过程中,可汗并不出镜。有人或许会疑惑,仅凭简单的写字板展示和语音,形式如此"简陋"的课程为什么还会吸引如此之多的学生呢?很多学生认为,可汗就像坐在他们身边辅导功课的大哥哥,语言幽默轻松,教学灵活不固化,因此他们喜欢这样的教学方式。另一方面,可汗认为在传统课堂教学中,学生面对讲台上的教师往往容易出现心理上的压力,因此授课教师不出境,只是以幽默轻松的语音作出一些讲解,这样学生可以以轻松的心态来学习,也可以更加专注于写字板上的教学内容。

二、通过设计良好的网站为全世界的学习者服务

仅仅依靠一些零散的教学视频,是很难实现服务大众的,并且随着视频资源的不断增多,可汗迫切需要一个地方来集中管理和呈现视频资源。2007 年,可汗成立了非盈利性的"可汗学院"(Khan Academy)网站,其宗旨是"为世界各地所有人提供免费的、一流的教育"。

在传统印象中,一位教师对着课堂上的 30—50 名学生授课,这是班级授课的常态。当然,规模稍大的时候,例如一场讲座,一位教师可向数百人乃至近千人授课。一位教师,假设他每年都是面对新一届学生,每次都能为 2—3 个班级授课,即使从业 40 年,他一生所教的学生总数也不会超过 6 000 人。在这个过程中,教师只能向与他时间和空间一致的学生进行授课。所以你能

想象一位教师的一堂课能够面对世界各地数以百万计的学生吗？事实上，萨尔曼·可汗和可汗学院确实做到了。

短短几年，可汗学院的学生数量从几百人迅速增加至每月 400 万人。可汗一度成为世界上拥有学生数量最多的教师。可汗学院用视频讲解不同科目的内容，也回答网友们所提出的疑问。可汗学院的每一段教学视频长 5—15 分钟，从最简单的内容开始，根据知识的内容，逐渐提升学生的逻辑能力和认知水平。可汗学院利用了网络传输的便捷性、低成本性，使得教学视频可以在世界范围内得到广泛传播。

得到广大网友认可的可汗学院很快成为整个美国甚至是世界教育界津津乐道的话题，就连前世界首富比尔·盖茨也在公开场合表示曾利用可汗学院的视频来为孩子辅导功课。通过数字化课程及训练，可汗掀起了一场全新的教育革命。比尔·盖茨称他为"世界之师"，并坦言："可汗为我们描绘出了未来教育的蓝图。"美国社会各界都对可汗学院给予高度关注，由于可汗学院的非盈利性质，许多机构和组织对它进行了经济上的支持。如盖茨基金会和谷歌公司等机构为可汗学院捐款 1 500 万美元。可汗利用这笔资金，高薪聘请美国顶尖的工程师和设计师加入可汗学院的技术团队，实现可汗学院教育平台的优化与拓展。

三、可汗学院练习系统

学生在观看视频进行学习时，也可以进行一些交互活动，比如在线提问、课程内容讨论等，以确保知识的内化和吸收。

可汗学院开发了一种练习系统，记录学习者对每一个问题的完整练习记录，教学者参考该记录，可以很容易得到学习者哪些观念未完全掌握。视频观看结束后，系统会自动生成相应的练习题和测试结果，判断学生对所学内容的掌握情况。

可汗学院会编出学生所需要的练习题数量，直到学生通过练习并完全明白概念为止（学生能够拿到 10 分的满分）。可汗学院的所有教学视频都配有这样的练习题。学生不知道怎么做的时候，会得到系统的提示，即实际解决问题的步骤。简单来说就是，得到 10 分就继续前进，未得到则根据系统提示继续学习。在传统教学中，学生会有一些家庭作业，"作业—上课—作业—上课"，然后进行阶段性测试。在考试中，不论你是得到 70 分、80 分、90 分或

95分,讲课内容都会继续到下一章。对于95分的学生来说,另外的5分丢在哪里,他们也可能不知道。可能教师在讲一个新知识点的时候,学生都不知道到底发生了什么事,然后教师又继续在这个概念上讲述下一个概念。这很像学骑自行车的过程,有人提前告诉你骑自行车的内容,之后再给你一辆自行车和两周时间。两周后再告诉你,"你的左转弯有点问题""你不会急刹车",勉强可以给你60分的成绩,然后就给你印上及格的标记。可汗学院的教育系统旨在解决这样的问题。它希望学生能够在不断地自行车练习中体验从车上摔倒在地,然后又在指导下马上爬起来继续练习,一直到精通为止的过程,这样的模式鼓励学生不断尝试不怕失败,但是最终能够完全掌握所需要学习的内容。

以往的学校课程中,为了配合全班的进度,教师只要求学生达到及格要求就继续往下教,但在可汗学院的系统中这种情况是不会发生的。可汗学院试图通过练习和测评检测学生是否熟练掌握视频中每一个必要知识点,只有当学生通过所有的练习和测验并拿到满分后才能继续进行下一阶段的学习。具体来说就是可汗学院的教育系统根据学生对知识或技能的掌握情况,将学生的学习情况分为六个层次:学习挣扎(Struggling)、需要练习(Need Practice)、完成练习(Practiced)、第一层(Level Ⅰ)、第二层(Level Ⅱ)和精通层(Mastery)。只有当学生达到精通层次的时候,系统才会出现更高一级的学习内容,以保证学生对每个知识的完全掌握,否则学生需要继续进行视频观看和练习。在做习题的过程中,若出现障碍或问题,系统也为每一类型的习题都配备了相应的讲解视频。

四、学生学习报告

为了帮助学生详细了解自己的学习状况,系统中还提供各种学习报告。如知识和技能统计报告,里面包含学生基础知识测试情况、目标技能掌握情况(完成练习题数量、正确率)、终结性测试情况(正确率、答题时间、答案分析等);教学视频学习情况报告,里面包含观看视频的种类、名称、累计时长等;参与活动统计报告,里面包含以柱状图形式所展示的学生在一定时间内视频观看情况、获得奖励情况、学习时长情况等。

得益于可汗学院中数据分析团队的努力,教师或家长可以通过数字控制面板获取学生的学习进度报告,学生也可以通过学习报告来主动了解自己的学习进度报告,也可以通过学习报告来主动了解自己的学习状况,以便作出更有针对性的调整。举例来说，可汗学院教育系统中的数字控制面板会用一个概念性的饼状图来展现学生所观看的视频中各个学科属性的占有比例，以及学生所观看的视频中参加考试的科目分别有多少。

不仅如此，系统还能通过热图的方式提供每个学生的学习表现，并按照回答问题的数量、准确率、学生需要提示的次数、提示的类型等指标进行显示。如果学生在学习过程中遇到困难，他的名字上就会有红色提示标志。网站将学生与系统之间的每一次交互都记录下来，以便生成实时性的学习进程报告。目前，可汗学院网站存储了远超 10 亿条已完成习题的记录，这些容量巨大的能够反映学生学习行为的教育大数据，也为学院提供了用户反馈依据。通过数据分析，系统能够为每个学生推荐个性化的学习路径，使每个学生能根据自己的实际情况进行最有效的自定步调的学习。

五、教师管理平台

可汗学院的系统设置了学生账号、教师账号、同伴账号三种模式。教师系统主要是为了查看学生学习内容，了解学生学习进度，向学生推荐合适的课程和材料，并根据系统所反映出来的学生学习情况，向学习成绩落后或学习遇到困难的学生提供针对性的帮助与辅导。教师账号的个性化导航页面包含了教师所辅导的班级名称、所学课程名称、学生用户名等信息，教师可以承受时浏览学生学习情况，获得实时的反馈信息。教师既能了解每个学生的学习状况，如反映了某学生正在学什么，观看了多久的视频，在什么时间暂停，在什么时间开始做练习题等情况的单个学生总体学习进度统计图，也可以整体性地掌握全班学生的学习情况，如全班学生总体学习进度统计图、全班学生目标技能掌握程度统计图等。

如果说可汗学院的理想是让每个学生按照自己的进度学习并且掌握每个知识点，那么可汗学院对于教师的意义是虽然每个学生的进度不同，遇到的问题不同，但老师都能够更好地实现管理监控。

可汗学院最新研发的教育管理平台能够让老师监控每个学生的学习进度，例如学生现在正在做练习题，教师就能够实时监控。教师可以看到每个学生及全班的学习情况，清楚了解学生遇到的困难，甚至追踪学生在整个学年中的学习情况。在 Khan Academy 软件上会有这样一张表格，每一排代表一个学生，每一列是一门课程，哪些学生进度超前，哪些学生学习状态落后，哪些学生停滞不前,都可以在平台上得到清晰展示。蓝色代表学生已经掌握该知识点,橙色代表学生还在学习,红色就像报警器,提醒老师应该给予帮助。老师能够非常清晰地了解学生的问题所在,能够从系统中看到学生在什么时间观看了视频,在什么地方暂停视频,哪一部分未观看。解答每个问题所花费的时间,精确至秒。

旧金山一位教师认为,利用可汗学院教育平台,课堂效率提升了,老师和学生的交流互动也更多了。以前教师只能凭经验推测全班在哪个知识点遇到问题,然后花时间讲解,现在,教师根据平台监测数据,组织遇到同一难题的几个孩子讲解辅导,与此同时,班里其他孩子可以继续攻克其他难题,或与同学一起进行基于目标的学习。

将科技融于教育,可汗并不是初创者,但他却是难得的成功者。可汗学院基于教育视频所建立起来的教育系统,背后所依靠的是可汗学院技术团队强大的人工智能数据学习分析能力。通过人工智能数据分析,可汗学院能够探知人类学习的秘密、不断调整优化教育软件平台,就像亚马逊这样的大公司一样,通过数据分析,提升用户体验,提供个性化服务。可汗学院对于数据的处理,凸显了人工智能时代教育的发展与变革趋势。

第二节 翻转课堂——人工智能时代下新教学模式探索

可汗学院的成功,让我们窥视到了未来教育的一角,也发展出了一种新的教学模式——翻转课堂。

2007年,美国科罗拉多州落基山林地公园高中的两位化学教师——乔纳森·伯格尔曼(Jon Bergmann)和亚伦·萨姆斯(Aaron Sams)在授课中遇到了一些困难:有些学生生病或学校与家的距离太远,花费了过多时间在乘坐校车上,无法按时前来上课。这样就会导致有些学生因为缺课而无法跟上教学进度。为了解决这一令人苦恼的问题,两位教师开始使用录屏软件录制PPT和教师讲解的音频,然后再把这种带有实时讲解的视频上传至网络供学生下载或播放,期望以此来帮助缺课的学生跟上教学进度。由于这些在线视频也被其他学生所接受,因此两位教师就逐渐采取让学生在家看教学视频、听讲解,课堂上的时间就用来帮助学生解答疑难问题和完成作业这种方式来进行授课。这样,将以往"课堂上听教师讲解,课后回家做作业"的传统教学模式,转变为"课前听教师视频讲解,课堂上教师解决学生的疑难杂症"。两位老师兴起的这种新型教学方式也被其他无须补课的学生所接受并受到了广大学生的欢迎,逐渐引起了学校、社会、家长以及同行的关注,因此在当地产生了越来越大的影响,其他学校的各个学科的教师也都在积极地探索和运用这种新兴的教学模式。

《翻转你的课堂:每天每节课与每个学生交流》(*Flip Your Classroom: Talk to Every Student in Every Class Every Day*)于 2012 年 7 月出版,它的问世使乔纳森·伯格曼和亚伦·萨姆斯成为翻转课堂先锋人物。发展至今,翻转课堂已经成为影响课堂教学的重大技术变革,也演变出多种"翻转模式"。

一、家校翻转模式

此模式即在家线上学习新知识,在校答疑解问。2011 年秋天,明尼苏达州斯蒂尔沃特市石桥小学开始了数学翻转课堂试点计划。五六年级的小学生可以按照自己的学习情况先在家里观看一个简短的讲课视频;观看视频结束后再进行一个小测验,测验结束后结果会即时反馈给教师。在此过程中,教师则使用 Moodle 平台查阅学生在家学习的情况,教师可以了解到有哪些学生看了视频并完成测验,并对测验结果及时给予反馈,教师也可以通过这样的方式及时锁定那些学习有困难的学生,以便在课堂上对他们及时给予帮助。

美国克林顿戴尔高中在两个班经历了两年的翻转课堂试验后,校长格雷格·格林大胆地在全校实现翻转。具体做法是要求学生在家里观看 5—10 分钟的讲解视频,做笔记并写下自己疑惑的问题;在课堂上,教师会重点讲解学生有疑惑的概念,针对小部分的问题进行单独指导,达到一对一家教的效果;并且教师用大部分时间来辅导学生进行练习,对学生的作业完成情况给予及时反馈,让学生也可以及时了解自己的学习情况,查漏补缺。克林顿戴尔高中课前课后分别提供校园电脑一个小时的访问时间,甚至允许他们使用智能手机观看视频,以解决部分学生家里上不了网的问题。在实施翻转课堂一年后,学生的学习成绩大幅度提高,165 名新生中,只有 19% 的学生英语不及格,而原来这一比例一直在 50% 以上。

目前,我国也有重庆市聚奎中学、深圳市南山实验学校、南京市九龙中学、广州市第五中学等多所学校实施此种翻转课堂模式。

从这几所学校计划实施的翻转课堂来看,他们的翻转都是基于某种在线学习平台支持的"家校翻转",从时间线上来说大致分为两部分:在家,学生通过教师设置的教学视频首先对新知识进行内化,通过观看教学视频之后的练习题来检验学生是否对新的学习内容有了理解和掌握,承受后教师对学生的测验结果的及时反馈可以让学生进一步了解到自己在哪些地方还存在问题,从而可以进行进一步的学习,而此阶段的教师则通过软件平台来掌握学生的学习情况,统计出学生的自学情况,从而帮助他们进行第二天的课堂设计;第二天在学校,教师则根据学生反馈的问题来设置不同的情境进行问题解决,从而提高学生课堂的参与度与活跃度。这样的翻转课堂,使学生的个性化学习需求得到一定程度的满足,给他们带来了良好的学习体验。

二、有区别翻转模式

每个学生之间都存在着差异,翻转课堂则实现了对他们的差异性教学。在美国得克萨斯州达拉斯地区的生活学校,布雷特·维廉同时任教常规生和优先生的化学课程。他发现翻转课堂的教学模式不仅能让不同层次的学生都能受益,也为教学提供了多种可能性,因此他开始开发适合自己教学的材料来翻转相应的化学课程,在不同班级实施有区别的化学教学翻转,对学生实行分层次教学,并在第一年就实现了全部学生的成绩提升。

从这所学校实施的翻转课堂来看,首先,由于翻转课堂的实施使课堂时间增加,于是布雷特和学生们有大量的时间可以进行讨论、实验、互动和基于项目的学习等课堂活动;同时,也有更多的时间帮助学生将化学应用到现实中,解决更多实际问题。其次,布雷特利用翻转课堂实现真正的分层次教学。因为普通学生可能在基本技能上需要额外的帮助和花费更多的时间,而优等生在学习积极性和技能方面都略胜一等,因此他们需要更快的学习步伐和更多的学习材料来为学习课程做准备。

三、有选择翻转模式

此模式是在学生需要新的信息时才使用翻转模式。雪莱在加拿大萨斯喀彻温省穆斯乔的草原南高中任教,但雪莱从不认为翻转课堂是现有教育的救星,她认为"晚上看讲课视频、白天做作业"这种形式只是传统课堂的延续,实质并没有改变。他认为课堂时间的释放,是真正最优化地安排教学,尤其适合探究性学习。因此雪莱不是在她的所有课堂教学中使用翻转模式,也不是每晚都分配给学生视频讲座,她更喜欢有选择地进行,"我在学生需要新的信息时才使用翻转模式"。她分发给学生的是建立在学生好奇心、启发学生思考的简短片段上,而不是讲课视频。这些视频配合维基一起使用,帮助学生组织、交流和理解材料。

此种翻转模式与以上几种翻转模式都大不相同。有选择翻转模式认为在家观看的讲课视频应当充分建立在学生好奇心、启发性原则的基础上,是对课堂的补充和延伸,并与课堂紧密相关。这样做,一方面可以减轻学生学习的负重感,使学生学习更富有激情;另一方面,使学生有学习的心向,配以辅助软件能够更加充分理解材料,有利于学生学习顺利进阶。

翻转课堂作为大数据时代一种新兴的教学模式,与传统的教学模式是有很大差别的。传统的教学模式下,学生的学习是按照教师预告设计好的思路进行的,所有的学习行为都受制于教师事先准备的内容,缺乏自主性;而在翻转课堂的教学模式中,学生的作业、实验、探究等都在课堂完成,这依赖于学生的自主学习、举一反三和解决问题的能力。通过移动软件,教师可以在线上上传教学资源、设计教学活动等。上传的教学视频可以是对其他优秀教师的借用,也可以是教师自己设计的教学视频。教师在上传教学 PPT 及视频的同时,要组建起学习小组,在网上布置学习任务,承担在线答疑与指导工作,制订评价标准等。学生在课前接收教师摄像头的课程资源及教学任务,在此过程中可进行关键知识点的测评、教学视频回放、对课堂效果进行评价等。通过自主化在线的学习,学生能够完成教师布置的有关作业,了解该课程有关的内容,可将遇到的问题在自主学习的过程中和教师进行远程交流,也可以记录下来拿到线下课堂上请教老师和同学。

在线下课堂上,学生对有关课程知识点有了基本的了解,再经过课堂的学习从而对知识进行内化。学生可将在课堂上做作业过程中碰到的问题、作业进展,以及对本课程有关内容的理解,与同学进行讨论。教师在线下的大部分时间用于回答学生的各种问题、听学生的学习汇报、组织学生进行主题讨论、了解学生作业进展等,通过面对面教学促进知识内化。

人工智能时代,碎片化、移动式学习方式逐渐成为主流学习方式,翻转课堂教学模式也以其开放、自由、互动的特点,悄然变革着传统课堂教学结构,迎合着当代学生的主体诉求,逐渐成为当代教学改革的重要话题和时代课题。

第三节 "希维塔斯学习"——现代教育技术提高学习成效的例证

"希维塔斯学习"(Civitas Learning)是一家专门聚焦于运用预测性分析、机器学习从而提高学生成绩的公司。它通过最大的跨校学习数据库在高等教育领导帮助学生提高成绩:分析海量的学习数据,以推测学生行为、分数等趋势。为了方便用户,"希维塔斯学习"提供了一套应用程序,学生和老师可以在其中规划自己的课程和安排。"希维塔斯学习"各种基于云的智能手机第三方应用程序(App)都是用户友好型的,能够根据不同高校的需要推动个性化,也就意味着不同高校能够聚焦于各自的对象,分别应用这家公司的分析工具开展大数据工作。另外,通过综合使用100多万名学生的相关记录和700万个课程记录,其应用程序软件能够让用户探测性地收到导致辍学和学习成绩表现不良的警告性信号。同时,还允许学生发现那些导致无谓消耗的特定课程,并且可以看到哪些资源和干预是最成功的。

在"希维塔斯学习"的相关程序的运用过程中,各学校也可以采取相关措施来预估学生考试不及格、留级或者不能毕业的风险,最直观的体现就是:当学生选择不停地去上一些高级班,这个系统就会向管理者发出提示,尤其是当这些课程明显对于这些孩子而言有学习困难时,"希维塔斯学习"的出现正顺应了人工智能时代的需求。

"当时高校迫切地想降低学生的辍学率,不断求助于技术,希望能在短时间内找到解决方案"。2014年1月的美国某份报告显示,近46%的大学生在过去六年内没能成功毕业。虽然这家公司并不给高等教育的危机提供立竿见影的解决方案,但它表示希望通过给大学提供数据来调解氛围。马里兰大学校长Javier Miyares博士表示,他们相信通过分享大数据来洞察学生,可以带来更好的教育产出,所以他们愿意加入"希维塔斯学习"。于是,"希维塔斯学习"集合了一支非常强悍的团队,他们工作多年只为能将人工智能应用在提高学生的学习成果上。首席执行官Charles Thornburgh是教育出版巨头Kaplan的前执行长,和合伙人Mark Milliron博士在得到启动资金之后,公司大力建设团队,进一步招聘优秀的教学专家、工程师和数据科学家。Charles Thornburgh 表示发展过程中最主要的障碍是客户的数据系统许久没有更新和完善。此外,创办这样的公司还有可能需要面对家长投诉、涉及隐私和学生信息被盗等多重风险。之前,InBloomInc.宣布要做学生数据库时,就因为这些因素引起了轩然大波。这很明显地说明,对于很大一部分家长甚至教育者来讲,都还没有做好研究学生数据的准备。综合这些考虑,选择声明立场,他们理解尽管对于数据技术的发展根本上要出于数据的真实性和重要性的原则的坚持,但与此同时,人工智能中的数据应用所产生的疑惑和忧虑也是在所难免的,也正因如此,他们便和各价目机构进行紧密合作。

在一次国外的采访中,联合创始人 Mark Milliron 和首席执行官 Charles Thornburgh 表示,高等教育没有破产,但是所谓的改革创新意识却荡然无存了。时代在变化,科技日新月异,但学生成功率和学习成本非常不协调,人们需要做点什么。但是两人不久便发现不少合作的机构领导人都在以可持续的方式完成多样化的任务。事实上,他们中很多人都在尝试如何更平价地推进学生的进步。倘若能够带着批判性思考、创造力和周密的行动运用人工智能数据深入研究学术,这些机构是不是就可以为学生带来与众不同的学习质量,大大提高高等教育学习效率和毕业率呢?幸运的是,两人一致认为:"一间教室将不仅是一间屋子而已。"

教学和学习选择将会多样化,全线上教学或是线上线下教学相结合,科技工具和数字课程的比例将大幅度提升。与此同时,分析将会扮演更加重要的角色,运用反馈、个性化学习和支持系统帮助学生匹配教学方式、策略性地制定目标。分析大数据适用于所有参与教学的人,学生可以用于认识目前的学习处境,利用大数据分析对策;也可以借助人工智能为未来制订有目标、有理想的学习路径。

教师可以利用人工智能大数据(基于学生怎么样、为什么以及什么时候会参与不同的学习机会)来确定最好的教学方式,从线上教育到小组学习,从数字教学到实战演练,创造一种有利的学习方式,让全体教师、教学管理员和学生都能够更投入、更积极地学习,进而推进毕业率提高。

也正是这样情节的出现,"希维塔斯学习"这一工具也才得以进一步发展。特别是对于教育过程中评价模式的改革,其创始人米勒隆曾提出三维度的评价模式：学习测评需要满足学生多样化需求、学生行为与过程需改革记录方式、需全面认识影响学业成败的因素；另外，为了更好地解决这一问题，他提出DIAL模型（即学生学业成功围绕数据、意见、行动、学习的结构模式），其实质反映了通过把外部洞察与实际行动所获得的反馈以及自身经验结合，进一步反复循环，从而形成一个推进学生学业成功的良性循环体。这也是当前"希维塔斯学习"能够继续得以发展的新的关键亮点所在。

尽管"希维塔斯学习"到目前为止仍然是一个较为年轻的公司，但相信承受着未来教育技术的继续发展，其将为未来教育行业的发展带来更好的发展，为个性化教育、特色教育建立更广泛的平台。①

我们再来看几个典型案例，通过对以下案例进行相关分析，从混合式与自适应学习、个性化教学以及课堂智慧化等不同的层面研究人工智能时代教学变革的新理念。

案例一：

以柏林工业大学的 Alex 人工智能聊天机器人助教为例

自 2017 年起，柏林工业大学所有学生都能够和智能聊天机器人 Alex 进行接触②。学生能够选择与 Alex 展开交流、互动，在课程的具体信息方面学生不再需要通过在线时间表来搜索，只需要将正常的问题和需求输入给 Alex，Alex 就可以进行相关问题的回答，比如对学生来说，常见的问题有课程的具体时间是什么时候？授课教师是谁？要参加哪些考试？Alex 都可以进行流畅的回答，同时还会向学生提供其他一些重要信息，满足学生的更多问题需求。

Alex 是由柏林工业大学的博士生 Thilo Michael 和其他研究人员共同研发和制作出来的。研究者在分析过程当中设计了一项试验，规定 30 名学生通过学校目前的课程系测评 Alex 的情况。按照机器系统的规定，学生首先应当明确希望取得的讯息，但出现了学生不懂需要怎样过滤无关词的问题。而应用机器人之后，能够让学生以更高的效率寻找到对自身有用的信息。学生在

---

① 李珩：《开启教育信息化——教育大数据》，重庆大学出版社 2019 年版，第 15—42 页。
② Combining High-Teach and High-Touch to Personalize learning for every child. http://www.theewf.org/research/2019/Combining High-Teach and High-Touch to Personalize learning for everychild, 2019 – 01 – 08.

使用机器人后,完成工作的时间只需要1分钟,但是如果使用现有的其他系统,完成相同的任务所需花费的时间将需要5分钟。参加完试验后,所有学生Alex的可用性评价都很高。

案例分析:Alex是一款智能机器助教,可以帮助学生在学期初高效率挑选和组织新课程,大大节约了工作时间,学生都认为Alex可以和人类进行互动交流。在许多大学内,机器人只能帮助学生查询关键词,然后依据该关键词找到学生需要的答案,但是Alex可以理解一整句话,不仅仅是某个关键词,它还可以尝试缩小搜索范围,节约学生的查询时间,只需要短短几秒钟就解决学生需要花费大量时间查询的问题。

在与学生进行交互的过程当中,Alex人工智能聊天机器人经过对自身取得的数据的研究,可以试图掌握学生提出这一问题的实际目的,让每一个学生得到符合其实际要求的结果。依靠差异化服务加强了学校教育工作的效率。

案例二:

美国普渡大学课程信号项目

美国普渡大学借助大数据分析技术,推出一个课程信号项目,用教学评测来干预教学行为[①]。目前,该系统已经实现了商业化,在美国许多大学内都使用。对该案例进行深入分析,可以全面了解人工智能对教学评价的影响。

课程信号项目的原本目的是促进学生的学习进步。该系统的主要途径是收集学生在学习过程中的信息数据,对这些数据进行汇总和分析。然后利用SSA算法对这些数据进行分析的基础上,预测每一位学生的学习行为,旨在发现学生在参与这一课程的过程当中有无错误理解的风险。该课程的教师能够依靠平台方提交的算法、模型,在教学过程当中针对学生的学习成果和状况展开研究,之后进行介入,从而让学生获得符合其实际情况的课程种类、资源。进行分析时,重点获取的信息包含了最终成果、学习行为以及课程表现、学习特征等,通过提供及时的信息反馈,分析学生的学习行为和表现。对其中的不

---

① 刘艳华、徐鹏:《大数据教育应用研究综述及其典型案例解析——以美国普渡大学课程信号项目为例》,载《软件导刊(教育技术)》2014年第12期。

良状况进行干预。通过该系统的应用,普渡大学的学生成绩都获得了一定程度的提升,不管是学习效果还是学习成绩都明显比之前获得大幅度的提升,可见该智能化平台在实践应用中的效果比较出色,也正是基于这样的效果,其他学校也纷纷进行模仿,同时采用了该系统。

对这一智能系统的运用让普渡大学的学生成绩、学生保有率有了明显的提高。针对2007—2009年的学生保有率资料展开研究之后,发现选修使用课程信号信息系统的学习者,最终的保有率显著超过没有采用这一系统的学习者。同时,利用课程信号系统之前、利用课程信号系统之后的相同课程,学生最后获得的成绩也有差异,应用之后,成绩判断D、F的比例降低了6.41%,成绩判断A、B的学生比例提高了10.37%。①

案例分析:课程信号项目的研究和推进中使用了大数据技术、人工智能技术、深度学习技术等技术,对学生在学习过程中表现出来的数据信息进行了全面地收集和分析的基础上,分析学生多方面的学习数据,帮助学生找到适合自己个性化学习的方案和计划。教师也可以随时上平台进行查看,根据学生的反馈随时调整自己的教学计划,展开创新化教学。在人工智能的帮助下,师生之间的关系更加和谐,推进了教学改革事业,实现了个性化教学。

案例三:

亚利桑那州立大学的主动学习与 Knewton 自适应学习系统

亚利桑那州立大学教师于2011年通过分类教学模型调整了过去的教育模式,把学生自适应技术和主动学习综合了起来,开发出一款智能化教学应用平台,如图8-1所示②,金字塔的底部代表着作为主体的机器,主要功能是借助智能化技术,帮助学生更好地完成整个学习过程以及对各种记忆性知识的获取。在金字塔上端中,教师占据了主导地位,基本作用是和学生展开交流。

---

① 张燕南:《大数据的教育领域应用之研究——基于美国的应用实践》,博士学位论文,华东师范大学,2016年。
② AI bot' more than halves' time students spend finding courses. https://www.times higher education.Com/cn/mews/ai bot' more than halves' time students spend finding courses?site=cn.

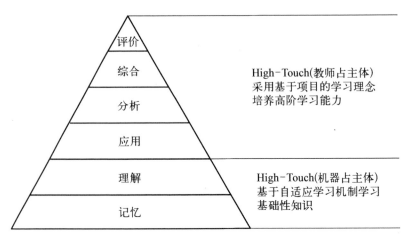

图 8-1 智能化教学应用金字塔架构

教育过程当中添加了自适应学习技术之后,学生能够按照自己的实际需要完成学习过程,同时也要选择符合自身需要的教育内容。此外,这样的课堂教学模式主要是自主学习,教师和学习者需要进行面对面沟通,在活动中完成学习任务。教师需要发挥出自身作用,对学生加以引导,引导学生进行主动学习。虽然学生要进行主动学习,但是教师在其中的参与度很高,在传统教学模式中,教师在课堂中占据主导地位,教师的主要目的其实只是为了传递知识信息。在主动学习为主的课堂教学活动中,教师仍然控制着课堂走向,但是课堂的教学活动开始朝着多个方向发展,可以随时应对各种可能出现的意外情况。在教学过程中,智能技术对教学和师生同时产生影响,教师、学生、智能工具之间形成良性的互动关系,在人机交融中进行高效沟通,学习者可以获得个性化学习内容,教师也可以进行自由教学。通过充分的人机互动,教学的个性化特点更加突出,技术和教育被深度融合。

至 2018 年,结果表明人工智能技术对这一学校的影响是有利的。自适应学习主体、教师双方在这个教学系统当中同样充当了主体的角色。过往的七年当中,该校总共有超过 65 000 名学生采用了这一自适应学习系统,同时也有总共 12 门课程参考、应用了自适应系统。以该校创办的生物学导论课来说,过去这种课程的教学方式是课堂教学,退学率始终是 10% 上下,大概 77% 的学生成绩在 C 级之上。在运用了自适应技术之后,通过教师的配合,学习该课程的学生对课程的认可度有显著提升,到 2016 年年初时,这门课程的退学率降低到了 5%,有 91% 的学生最后取得的成绩在 C 级之上。

案例分析：上述教学案例当中，技术通过生产力形态的方式，改变了教学设计要素当中的主体和客体，教学工作的主体从过去的学生、教师两方转变成了教师、学生、人工智能三方，同时依靠人机融合交互的方式，让教师拥有更多的精力落实高效的教育手段，学生可以取得差异化的教育。在建立人机融合生态环境之后，提高了教育教学过程的差异化、个性化，推动了教育工作与技术手段的深刻结合。

通过对以上案例的相关分析，可见，传统的学校教育在基于教育领域中人工智能技术的应用中焕发出一片新的生机。在未来，学校中教学模式的大规模化体系将会转向更具创新性和以学生为中心的个性化教学。我们一直追求的个性化教育和因材施教的教育理想将会在人工智能技术的支持下或许可以真正实现。因此，探讨人工智能时代的新理念对于教学变革具有抛砖引玉的作用。

一、课堂智慧化

（一）学习环境智能化

在传统教学活动中存在诸多缺点，进入智慧课堂时代后，以前的线下教室将转变成为线上课堂，凭借信息技术的支持，智慧化课堂就此实现。根据国家相关部门的最新教育信息化政策，实现教学信息化的目标是建立灵活、智能的教学新环境，而当前新出现的包括虚拟现实、大数据以及人工智能等技术手段都能够达到智慧课程的效果，促进教学环境走向智能化，改变师生之间的互动模式。线上成为课堂最直观的呈现方式，教师也不用为了制作慕课和微课花费过多时间，这些教学方式将成为日常，借助发达的互联网技术，网络课堂将实现教育活动的高度智能化，在线上大量分析信息内容，虚拟助手也会帮助学生进行认真学习，传统的线下课堂教学模式将成为过往。[①]

随着教学环境的智能化，学生的学习场景也变得更加智能，这也是人工智能时代课堂模式的主流，学生可以借助各种新技术感受到直观的学习体验，在全身心投入中进行深度学习，学习积极性被彻底激发，利用线上功能众多的智能系统，学生的学习活动也将变得更加高效，教师的教学质量也大大提升，这

---

① 王继龙：《网络空间时代教育的回归》，http://www.ict.edu.cn/news/n2/n20171108_45289.shtm，2018 - 5 - 11。

也是智能化课堂的最终目标。

（二）学制制度弹性化

人工智能时代,教育的发展也进入全新发展时代,传统教学模式所依赖的时空被突破,弹性教学模式出现。近些年,网络空间时代已经到来,学生可以在智能手机或电脑上进行自主学习,自己安排学习时间,学习活动更加自由,学习场地也不再受到限制,学习内容变得更加广泛和多样。

首先,学校将走向平台化,学校不再是学生进行学习的必要环境,突破学校界限的学习和学业评价也自动生成,各具特点的人才成长体系和辅导平台成为学校转型的必然之势。学校不再以考试分数的高低来作为评价学生学习成果的标准,学生学习过程中遇到的重难点可以进行反复学习,学生自由安排学习时间,自由完成对学习过程的计划。

其次,进入人工智能发展阶段之后,教学过程当中的时空被彻底颠覆。随着互联网技术不断大阔步前发展,借助互联网的发达信息技术可以帮助人类实现突破时空限制的连接,所有人都可以在互联网上接收所需要的信息。学习活动也不再受到时空的限制,学生可以随时随地进行学习,按照自己的标准和计划安排学习,学生个人的兴趣和性格成为学习的重要依据,可以根据自我需求进行学习活动。

最后,传统的班级授课制被打破,混合年龄编排学习成为常态,教育周期弹性化,学制灵活化。未来,弹性学制和家庭学习将在大数据技术的发展下有效地实现,学习成为生存的需要并伴随人的一生。学习并不是人在某一特定阶段的要求和任务,学习、就业和创业被混合打通,促进学习活动走向更加创新,促进学习者的学习活动向终身学习发展。

（三）学习内容和资源开放共享

在信息迅速发展的时代,信息的传播速度具备及时性,信息的发展带动资源的共享,在信息技术环境下生活、学习和成长的新一代网络原住民,他们能够在先进的技术的支持下获得全天候的信息和资源。现如今,全民在一个信息化的时代,所有人被网络所覆盖,所有人都可以在互联网上进行信息搜集和获取,信息传播手段变得极为丰富,借助智能化的学习平台,每个人都可以在网上搜集和学习需要的信息,在信息技术的发展节奏下,共享课堂的建设成为可能。即使学习者所在地域和年龄存在较大差异,也可以学习一样的教学课程,依据人工智能技术发展出来的虚拟助手和教师,可以全天候陪伴学习者,帮助学习者进行顺利学习,这种情况下的技术可以很好地帮助学生完成学习过程,因此也让师生关系变得更为理想,显著提高了学生的学习成效,缩小学生因为地区差异而导致的教育上的不公平,满足所有学生共同的学习需求。[1]

共享学习中心和平台将在互联网新技术的发展下受到颠覆性的影响,从而课堂教学资源不足的问题将从根本上得到解决,使高效和便捷的教育和学习,多样的课程形式,丰富多彩的学习内容有效地实现,共享内容和共享资源的学习时代已然来临。

(四)大数据驱动教学

在学习大数据的收集、分析和应用基础之上建立的课堂教学将会是未来课堂教学发展的趋势。首先,在物联网、互联网、云计算以及大数据等技术不断发展的背景下,目前移动终端早已走进了学校课堂,学生能够带着智能设备到课堂上进行学习,教材和教辅也将走向电子化,学生会身着可穿戴设备,该设备随时记录学生的学习活动,储存学生的学习轨迹。不论是在课堂上还是课堂外,智能设备都会收集大量的学生学习数据,综合成大数据分析学生的学习活动,大大提升学生的学习效率。

其次,凭借线上数据信息的传播,教师可以更加高效地组织和评价学生的学习活动。在发达的信息技术下,教学活动中的知识信息能够更加高效、顺畅的被传递,学生获取的信息的宽度、深度、广度在大数据的记录下将会有所不同,精准推送服务将在大数据的分析下实现。线上智能系统可以全天候记录学生的学习信息,把学生的学习过程用数据记录下来,准确记录学生学习活动中的每个环节,然后对学生进行有针对性的指导。此外,学生的学习信息可以快速传递给教师,教师可以根据学生学习信息安排教学计划,反思自身教学行为,预测未来的教学活动。

在未来,教学课程将不再是在封闭的场所中进行,而是在基于互联网的线上空间展开,学生可以与教师在线上进行充分互动,高效率、个性化、智能化的

---

[1] 陈松云、何高大:《新技术推动下的学习愿景和作用——2017〈美国国家教育技术计划〉及启示》,载《远程教育杂志》2017年第6期。

智慧课堂时代即将到来。

二、个性化教学

当今社会已经进入信息化社会,先进的信息技术已经渗透到社会发展的各个领域中,生产活动不再是单一重复的,而是转向个性化、智能化的制造模式中,具备强大创新能力的人才在未来将成为社会所需要的人才,这也将成为教学活动的重要目标。

(一) 个性化学习中心

人工智能时代,传统的以教师、知识、书本为中心的课堂模式将被抛弃,转向个性化教学模式。首先,学习由被动转向主动,自主性的学习意识增强,每个人都是独特的个体生命,每个人在学习风格、学习偏好、学习方式上都存在较大的差异。个性化教学模式代表了应当在教育工作当中尊重学生自身的特点,基于学生自身的特长、爱好以及个性进行因材施教,以学生的需要为根本,智能化学习平台会根据学习者的需求推送所求信息资源,教师会在信息平台的基础上对学生进行必要的帮助,学生也可以进行自主学习。

其次,随着人工智能技术的持续走向成熟,智能化教学系统、智能化教学助手将成为学生进行自主学习的强有力的助手。在传统教学模式中,一位教师需要同时对多个学生进行教学,但是在人工智能教育模式中,多位教师同时对一位学生进行教育。智能教学助手的作用十分明显,在智能计算的基础上对学生进行全方位的教学,引导学生进行自主高效学习,学生的学习效率大大提升。

最后,因为人工智能的有效帮助,学生的个性化学习潜能被充分激发,学习过程更加自由和快乐。建立在人工智能技术基础上的课堂教学活动,使得学生从传统的机械记忆简单的重复性的知识模式中解放出来,课堂的主要目标成为激发学生学习兴趣,培养学生个性化学习的能力。新一代教学模式中,教师将更加关注学习者的个性和需求,借助大数据分析技术,学生的学习过程被全面记录,其学习方式、学习偏好、学习态度等方面将成为重点分析对象,据此建立起个性化的学习方案和计划,推动学生进行个性化学习,提升学生的学习成就感和价值感,激发学生进行持续自主学习。

新一代课堂将更加自由,学生可以在其中进行快乐学习,这是未来课堂教学的发展趋势,学生的个性被充分尊重和保护,学生可以在课堂上进行自由自主学习,满足自身对于知识的需求,培养出终身学习的良好习惯,成为社会所需要的全面发展的创新型人才。

(二)课程内容定制化

首先,课程内容的开发将走向市场化。互联网平台可以基于学生的爱好和需求向学生推送有针对性的个性化课程,基于互联网技术的在线课程将成为课程发展的主流,作为新职业的网络教师将出现。这种教师的工作将不限于传授知识和技能,而是提供全面的综合服务,与此相对应的是,部分教师将因此失业。过往的课程内容模式也出现大规模变化,不再只由学校来制作课程,学校既是课程内容的生产者,同时也是消费者,人人都可以在互联网上进行教育课程内容制作,人人也都可以在互联网上进行学习,十分方便。①

其次,在未来,课程资源必会向个性化、共享模式两个方向不断发展。按照教育部门的明确规定,选择性必修课程、选修课程属于是共享课程资源,主要采取免费的形式,基本的学习内容由政府买单。根据学习大数据的个性化定制的课程资源是真正发展个性的课程资源,完成国家规定的基本课程是学习者必须执行的之外,可以根据自己的个性特点设置和制定自己的课程,因为学习内容比较个性化,所以学生需要付费购买后才能进行收看和学习。

第三,新的智能化学习平台将完全以学生为中心,学生可以在平台上获取智能化的课程内容推荐,根据自身需求选择课程内容。传统教学模式中,线上的课程内容资源比较稀少,但是在智能化学习平台上,课程内容资源将变得十分丰富。学生在某种程度上来说成为消费者,在智能助手的引领下进行学习,根据自身爱好和需求选择需要的课程,换句话讲,学生将能够得到个性化的教育。

(三)教师团队化、角色导师化

美国互联网专家曾说,互联网出现后,学生可以在线上自由查询信息,讲台上的教师不再是课堂里最有智慧的,所有人叠加起来的智慧才是整个课堂

---

① 王继龙:《网络空间时代教育的回归》,http://www.ict.edu.cn/news/n2/n20171108_45289.shtm,2018-5-11。

的魅力所在。首先，未来人工智能将会在课堂中完成所有对死记硬背的知识的教育过程以及重复性的教育过程，在课堂当中，教师会逐步失去权威信息来源的地位，学习者将能够运用各类线上平台得到自己需要得到的信息。学生可以在互联网上自由查询所需要的信息，知识的获得渠道将变得更加广阔。

其次，教师不再是未来课堂所需要的主要角色，未来课堂需要的是导师。教师角色的转型受知识传播方式的变化所影响，过去"以知识讲授"为主的教师角色逐渐转变为学生学习活动的设计者和指导者，学习伙伴的关系将会是未来课堂中师生之间的主流模式，未来的教师可以借助大数据技术对学生的学习情况进行分析，重组线上课程，对学生进行个性化教学。换言之，教师主导的讲授教学不再是未来课堂的主要形式，开展学习咨询、指导和答疑解惑的团队形式成为未来课堂的主要形式，教师角色导师化。教师传授知识不再适合网络空间时代的发展趋势，未来的教师在课堂上的主要任务是以引导的角色带领学生进行自主学习。

第三，教师是改变课堂教学模式的核心因素，一般的信息化教学模式当中，教师不仅充当了教育工作的开发者，也充当了参与者的角色。在未来的教学模式中，教师需要引导学生学习和掌握新的信息技术，所以教师自身也需要进行自我调整，保持一颗好奇心是教师应具备的基本能力，同时要以终身学习为自身的发展理念，要以勇敢的态度跳出舒适区，敢于接受各种挑战，实现职业转型，调整自身的工作内容。

(四) 个性化学业评价

传统教育对于人才的选拔是以分数作为评价学生的唯一标准，而在信息高速发展的新时代，学业评价的方式也不再是以考试为标准作为衡量学生优劣的标准。学生的学习活动可以在各种时空下进行，可以随时进行知识学习和评测，调整自己的学习方法。以简单的分数为衡量学生的标准不再是未来的学业评价形式，而是建立在大数据分析的基础上展开的个性化学习报告，大数据技术记录了学生学习的各种数据，包括思维逻辑类型、性格特征、动手操作能力、学习风格、学习习惯与偏好、学习者的知识面等内容。大数据技术记录完学生的学习数据后，会与同类学习者进行对比，然后在对比中发现学习者的优势和劣势，发现学习活动中存在的不足，提出相应的改善策略，为提升学生的学习质量和效果提供持续支持。

三、自适应和混合式学习

（一）自适应学习

人工智能时代的学习方式变革的经典和标杆是基于互联网、教育大数据应用服务的自适应学习。在自适应学习活动中，学习者将明确自身的学习目标，还拥有与之相应的学习环境、场景、平台，学习者在自主学习模式中既可以进行自主学习，也可以进行自我评估和自我反思，发现自主学习中存在的问题，对这些问题进行完善，不断进行自我优化，最终形成一套完善的自主学习模式。在互联网时代，每个人都是独立自主的个体，每个人都可以根据自身的特点选择适合自己的学习方式，而智能化学习平台的运用，可以帮助学习者早日找到适合自己的学习模式，平台还会根据学习者的学习动态进行数据分析，向学习者推荐合适的学习课程和内容。在互联网学习平台上，学习者既可以和老师进行交流互动，也可以和同一平台的学习伙伴进行交流互动，在自主交流的过程中，发现并解决自己在学习中遇到的问题，保持良好的学习状态。这样的学习模式就是典型的自主学习模式，学习者需要进行自主学习，学习的反思评价者也是个体本身，同时深度学习的境界会在追求高阶级学习的过程中形成。

学生学习行为和学习方式的颠覆式变革将会在人工智能时代的课堂产生。自适应学习在学习大数据中，可以对学习者的学习动态进行分析和总结，根据学习者之间的差异为其精准推送个性化的学习内容，保障学习者可以进行自主学习，并且能够不断提高学生的创造力、想象力，还可以按照学生的学习水平、风格、爱好、特点和方法等向其推送精准的学习服务，制定出个性化学习方案和策略，帮助学习者进行高效学习。

（二）混合式学习

基于各种互联网基础兴起的新型混合学习模式，将取代传统讲授式教学模式。在未来，随着5G新技术的快速发展和普及，适应不同个体的场景的智能学习系统将会出现，据此搭建的下一代学习平台也会成型，通过线上和线下的方式，学习者可在两个世界中生活，同时混合式学习原理和要求是每个学习者必须掌握和运用的，在此基础上，混合式学习模式的出现，可以满足学习者个性化的学习需求。

人工智能与教育现代化

　　基于互联网的教育模式越来越发达,理想的学习方式会是"线上+线下"的混合式学习,原有的教学形态和教学原理会被互联网教学模式所变革,新的教学模式会带来新的教学方法和学习方法。传统的课堂组织形式将会过时,新的课堂形式将会出现,基于互联网的新课堂模式重在向学生传递新知识,学生依靠互联网获得自己需要的信息。在课堂当中,教师需要做的则是帮助学生步入探索式学习的过程,组织学生进行讨论和合作。在线教育给予学生更大的学习空间和更多样的学习方法,学生可以在平台上参与多种多样的学习模式,平台通过大数据技术还会对学生的学习动态进行记录和分析,最终形成混合化和个性化学习模式。

　　在未来,人工智能技术将被大范围应用到教育领域,学校和课堂将与人工智能充分结合,新时代的教学模式将会朝着网络化、数字化、个性化发展,学生接受基于人工智能的个性化教学,创新能力会有极大的提升。在课堂上,学生将有机会完成深入的自主探索、学习,线下、线上综合的混合式学习时代即将到来,学生在自适应平台接受个性化教育,个性得到全面发展。①

---

① 杜忠贤:《人工智能时代的教学变革研究》,硕士学位论文,哈尔滨师范大学,2020年。

后 记

党的二十大报告指出:"推进教育数字化,建设全民终身学习的学习型社会、学习型大国。"教育数字化的未来方向是人工智能与教育的融合发展,两者融合发展的结果就是"人工智能教育一体化"。人工智能教育一体化发展不仅受到教育领域和技术领域的共同关注,也引起国家层面的高度重视。习近平总书记在向国际人工智能与教育大会致贺信中指出:"人工智能是引领新一轮科技革命和产业变革的重要驱动力,正深刻改变着人们的生产、生活、学习方式,推动人类社会迎来人机协同、跨界融合、共创分享的智能时代。"教育的未来使命就是培养一大批具备创新能力和合作精神的人工智能人才,从而符合人类社会发展的总体趋势。

在国家层面,教育主管部门以实际行动推动人工智能与教育的融合发展进程。2018年,教育部印发的《高等学校人工智能创新行动计划》指出:"加快人工智能在教育领域的创新应用,利用智能技术支撑人才培养模式的创新、教学方法的改革、教育治理能力的提升,构建智能化、网络化、个性化、终身化的教育体系,是推进教育均衡发展、促进教育公平、提高教育质量的重要手段,是实现教育现代化不可或缺的动力和支撑。"教育的发展必须与经济社会发展一致、必须与科学技术发展相符合,唯有采取开放融合的发展态度,才能真正推动教育水平的显著提升。与此同时,代表人工智能最新突破的ChatGPT技术也引发教育领域的广泛关注,也必将成为教育深刻变革的重要抓手。在人工智能汹涌而来之际,人们期待人工智能成为推动实现教育现代化的关键变量,从而从根本上改变我们对教育的认识和理解。

作为新时代的高校教师,我们对教育的未来发展更应该具有前瞻性,因此,针对"人工智能在教育现代化中的应用"这一社会普遍关注的问题也必须给予高度重视。科学认识人工智能技术对教育的影响是推动教育现代化的前提,人工智能作为技术手段,其自身的发展也受到经济社会发展水平的影响,因此，关注人工智能技术必须将经济社会发展速度和水平进行全面考量。人工智能作为教育技术，其本身无所谓"好"与"坏"的区分，关键是看使用人工智能技术的人以及人工智能技术带来的实际教育效果。本书也对人工智能赋能教育需要关注的三个基本问题作出了阐释。在人工智能推动教育深刻变革方面，不应仅仅从技术角度去思考，更应该从教育自身发展规律来探究。因此，本书设定的框架思路就是希望从教育视角来梳理人工智能技术与教育理论和实践之间的诸多可能性及可行性。人工智能推动教育现代化进程中，我们关注点不仅仅是局限于学生自身的智能化学习，也会关注到作为教育者——教师是如何运用人工智能技术带来教学效率的提升，更会关注人工智能技术为学生的全面发展所能够提供的支持。

本书既关注到人工智能对教育变革所带来的深刻变化，也关注到教育自身发展所经历的历史演变，更会从理论与实践的结合中探索人工智能教育的现实表现。全书分为绪论和八个章节，既有总括的概述，又有详尽的分述：绪论主要关注人工智能与教育变革，内容集中于教育变革这一重要推动教育发展的现实性问题，在教育变革中对人工智能存在论和认识论进行反思和追问，并将科学技术及教育思想等作为推动教育变革的关键要素，最终实现教育现代化；第一章关注教育的演变历程及发展进路。无论是农业文明中的教育，还是工业文明中的教育，抑或是信息时代的教育都必须遵循教育自身的规律，这就是在教育领域中必须始终坚持"实事求是"的基本要求；第二章关注人工智能推动教育现代化发展的价值及基本问题，该部分分别从教育是人类智慧的延续和发展，人工智能与教育的一体化发展，人工智能教育的价值需求及历史视野，人工智能教育亟待解决的基本问题四个部分进行详细论述；第三章关注人工智能在教育现代化中的理论探索，分别阐述人工智能在教育现代化中的本质和目标、基础和任务以及发展方向；第四章关注人工智能在教育现代化中的应用探索，从家庭环境、学校环境、社会环境三个不同场景出发，介绍目前人工智能教育的应用探索；第五章关注人工智能教育现代化的学习方式，包括混合式学习、联通学习、移动学习、量化学习、深度学习等；第六章关注人工智能教育现代化的展望，从未来教育的不同关注点，展望了人工智能教育现代化的更多可能及未来发展趋势；第七章关注人工智能教育现代化的反思，从现状问题、伦理反思、理性分析等方面进行深入剖析；第八章关注人工智能教育现代化的典型案例分析，比如可汗学院、翻转课堂、"希维塔斯学习"等，都是人工智能时代下提高学习成效的新教学模式探索。绪论至第二章作为本书的基础理论部分由王金伟老师撰写,第三章至第八章作为本书实践探索部分由徐艳老师撰写,最后的统稿工作由王金伟老师负责完成。

为了更具体化和情境化地介绍人工智能教育现代化的实现路径,本书汇集了大量人工智能教育的典型案例。在此,谨向提供给本书典型案例的学校、研究机构、企业等表示衷心地感谢!同时,也十分感谢上海大学出版社为本书的出版付出了大量辛勤的工作。

作为高校教师,作者深感能够为教育事业发展贡献微薄力量就是莫大的光荣。由于作者水平和能力有限,在努力学习和探究人工智能与教育现代化的关系问题上,仍然存在诸多疏漏及错误,敬请同行批评指正。关于探索人工智能与教育现代化之路,道阻且长,永无止境!当然,无论用何种方式、何种工具,教育本身的目的是"成人"的过程,我们所应该达到的理想的教育状态是用情感贯穿于教育全过程,用兴趣激发受教育者的潜能,用技术推动教育水平的显著提升。在未来的教育探索过程中,我们的教育者也必将为实现这一教育理想而砥砺前行!

王金伟　徐艳

2023 年 5 月

能时代下提高学习成效的新教学模式探索。绪论至第二章作为本书的基础理论部分由王金伟老师撰写,第三章至第八章作为本书实践探索部分由徐艳老师撰写,最后的统稿工作由王金伟老师负责完成。

  为了更具体化和情境化地介绍人工智能教育现代化的实现路径,本书汇集了大量人工智能教育的典型案例。在此,谨向提供给本书典型案例的学校、研究机构、企业等表示衷心地感谢!同时,也十分感谢上海大学出版社为本书的出版付出了大量辛勤的工作。

  作为高校教师,作者深感能够为教育事业发展贡献微薄力量就是莫大的光荣。由于作者水平和能力有限,在努力学习和探究人工智能与教育现代化的关系问题上,仍然存在诸多疏漏及错误,敬请同行批评指正。关于探索人工智能与教育现代化之路,道阻且长,永无止境!当然,无论用何种方式、何种工具,教育本身的目的是"成人"的过程,我们所应该达到的理想的教育状态是用情感贯穿于教育全过程,用兴趣激发受教育者的潜能,用技术推动教育水平的显著提升。在未来的教育探索过程中,我们的教育者也必将为实现这一教育理想而砥砺前行!

王金伟 徐艳
2023 年 5 月

能时代下提高学习成效的新教学模式探索。绪论至第二章作为本书的基础理论部分由王金伟老师撰写，第三章至第八章作为本书实践探索部分由徐艳老师撰写，最后的统稿工作由王金伟老师负责完成。

为了更具体化和情境化地介绍人工智能教育现代化的实现路径，本书汇集了大量人工智能教育的典型案例。在此，谨向提供给本书典型案例的学校、研究机构、企业等表示衷心地感谢！同时，也十分感谢上海大学出版社为本书的出版付出了大量辛勤的工作。

作为高校教师，作者深感能够为教育事业发展贡献微薄力量就是莫大的光荣。由于作者水平和能力有限，在努力学习和探究人工智能与教育现代化的关系问题上，仍然存在诸多疏漏及错误，敬请同行批评指正。关于探索人工智能与教育现代化之路，道阻且长，永无止境！当然，无论用何种方式、何种工具，教育本身的目的是"成人"的过程，我们所应该达到的理想的教育状态是用情感贯穿于教育全过程，用兴趣激发受教育者的潜能，用技术推动教育水平的显著提升。在未来的教育探索过程中，我们的教育者也必将为实现这一教育理想而砥砺前行！

王金伟　徐艳
2023 年 5 月